보카텔링 솔루션

영단어 무한 지배자

보카텔링 솔루션

영단어 무한 지배자 | 초등편 |

초판 1쇄 발행 2016년 7월 15일
초판 2쇄 발행 2016년 9월 20일

지은이 Jeremy Rhee
펴낸이 김선식

경영총괄 김은영
사업총괄 최창규
책임편집 유화정 **책임마케터** 이상혁
콘텐츠개발6팀장 박현미 **콘텐츠개발6팀** 유화정, 임지은, 임보윤, 이소연
마케팅본부 이주화, 정명찬, 이상혁, 최혜령, 양정길, 박진아, 김선욱, 이승민, 김은지
경영관리팀 송현주, 권송이, 윤이경, 임해랑, 김재경
외부스태프 **교정교열** 이은영 **표지디자인** 유진민 **본문디자인** 손혜정

펴낸곳 다산북스 **출판등록** 2005년 12월 23일 제313-2005-00277호
주소 경기도 파주시 회동길 37-14 2, 3, 4층
전화 02-702-1724(기획편집) 02-6217-1726(마케팅) 02-704-1724(경영지원)
팩스 02-703-2219 **이메일** dasanbooks@dasanbooks.com
홈페이지 www.dasanbooks.com **블로그** blog.naver.com/dasan_books
종이 한솔피엔에스 **인쇄** 민언프린텍 **후가공** 평창 P&G **제본** 에스엘바인텍

ISBN 979-11-306-0875-4 (63740)

보카텔링 솔루션

영단어 무한 지배자

Jeremy Rhee

초등편

BEYOND A·L·L

이런 분은 이 책을 자녀들에게 보여주시면 절대 안 됩니다.

1 영어는 어렵게 공부해야 한다고 믿는 분은 이 책을 자녀들에게 보여주시면 안 됩니다.

스타크래프트 게임, 앵그리 버드, 애니팡, 포켓 몬스터, 만화 캐릭터, 포카리스웨트, 포테이토칩… 게임도 하고, 웹툰도 보고, 엄마 따라 쇼핑센터에 가고 하면서 이미 알고 있는 수많은 외래어를 구슬 꿰듯이 엮은 책입니다. 이미 익숙한 말들이기에 아이들의 머릿속에는 공부인지 장난인지 모르게 알게 된 생각보다 많은 영단어가 입력되어 있습니다.

2 내 자녀가 영단어 암기로 처음부터 파김치가 되기를 원하시는 분은 아이들에게 이 책을 절대로 보여주지 마십시오.

기존의 초등용 영단어장을 접할 때마다 안타까운 마음을 금할 길이 없었습니다. 초등학생들이 보는 교재인데 영단어 스펠링과 발음기호에 학생들이 이해하기 어려운 영어 예문까지 집어넣고 그냥 암기하라고요? 거기에 이미지 몇 개 들어간다고 제대로 암기가 될까요? 암기가 잘 안되니 뒤에 지겨운 복습 문제로 구색을 맞추었지만 이는 영어 학습의 흥미를 떨어뜨리는 또 다른 요소일 뿐입니다. 이렇게 어린 학생들에게 영단어 암기는 어렵다는 선입견을 꼭 심어줘야 합니까?

가령, 휠체어(wheel chair)가 뭔지 아는 초등학생들에게 'wheel' 따로 외우고 'chair' 따로 외우게 하지 않고 '휠체어(wheel chair)는 바퀴(wheel) 달린 의자(chair)'라고 가르쳐 주면 '이거 뭐야!' 영단어가 쉬워서 큰~일~나~나~요?

'영어는 재미있다. 영어 이거 별거 아니구나. 해볼 만한 것이구나.'라는 자신감을 주어 평생 영어를 좋아하게 해주면 아이들에게 영어가 너무 시시해질까봐 걱정되시는 분은 이 책을 얼른 감추십시오.

3 초등 영단어를 6년에 걸쳐 익혀야 된다고 생각하시는 분은 자녀들이 이 책을 들춰보지도 못하게 하셔야 합니다.

한글만 알면 누구나 한 달 이내에 끝낼 수 있는 기초 영단어 교재입니다. 일상생활에서 자주 사용하는 외래어를 이용하여 기초 영단어를 보카텔링(VOCA Telling) 방식으로 쉽게 풀어냈기 때문에, 생생한 그림을 보며 아이 스스로 영단어를 익힐 수도 있고 엄마가 옆에서 해당 외래어의 용례를 알기 쉽게 설명해 줄 수도 있지요. 혹은 단어와 스펠링, 우리말 예문까지 녹음된 MP3 파일을 들으며 초등용 모든 영단어를 가볍게 섭렵할 수도 있고요. 스트레스 없이 단숨에 기초 영단어를 끝낼 수 있는데 이 책을 보여주면 되겠습니까?

4 영어는 영어, 한국어는 한국어 따로따로라고 생각하시는 분도 자녀들에게 이 책을 권하지 마십시오.

글로벌 시대에 외래어와 연관된 기초 영단어는 더 이상 영단어가 아닌 생활 속에 살아 숨 쉬는 어엿한 우리말입니다. '노이로제, 텔레파시, 싱크로나이즈, 시뮬레이션, 차이나타운, 하우스 푸어…' 수많은 외래어들은 인터넷 게임, 웹툰, 뉴스, TV 오락프로그램, 쇼핑몰에 널리 퍼져 있습니다.

그렇기에 외래어를 바탕으로 기초 영단어를 익히는 것은 한글 어휘 확장과 시사 어휘 습득에도 커다란 도움이 됩니다. 한글 어휘 확장과 영단어의 동시 정복이라니 상상만 해도 신나지 않으세요?

부디 본 교재로 영단어를 익히는 우리 아이들이 스트레스 없이 기초 영단어를 마스터하기를 바라며, 사랑하는 아들 경원과 선한 눈망울의 모든 초등학생들에게 이 책을 바칩니다.

지은이 Jeremy Rhee

기적의 보카텔링(VOCA Telling) 자동인식 암기법

읽기만 하면 영단어가 저절로 외워지는 영단어 암기 솔루션

뇌 과학(brain science)에 근거한 자동인식 암기법

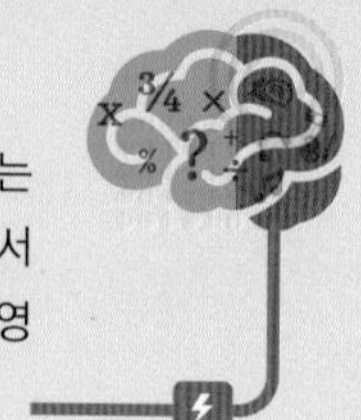

사람의 뇌는 이미 알고 있는 것은 쉽게 받아들이지만 처음 접하는 것을 인지하고 기억하는 데는 오랜 시간과 노력이 필요합니다. 보카텔링 자동인식 암기법은 이미 알고 있는 영단어를 이용해서 처음 접하는 영단어를 뇌가 이미 알고 있던 것처럼 인식하여 암기할 수 있도록 고안된 기적의 영단어 암기법입니다.

❶ 보카텔링의 마법을 거치면 '외래어'가 '기초 영단어'로 변신합니다.

보카텔링 기법으로 새로운 영단어를 익히기 위해서는 이미 알고 있는 영단어가 필요합니다. 그런데 이제 막 영어를 시작하는 초등학생들이 알고 있는 영단어는 별로 많지 않지요. 대신에 아이들은 일상생활에서 '유튜브, 서바이벌 게임, 페이스북, LG트윈스, 유니폼'과 같이 수많은 외래어(loanword)를 사용하고 있습니다.

〈영단어 무한 지배자 초등편〉은 일상생활에서 흔히 사용하는 '외래어'가 '기초 영단어'라는 사실을 보카텔링 방식으로 쉽게 풀어내어 아이들이 스트레스 없이 초등필수 800단어와 예비중학 300단어를 습득할 수 있도록 기획했습니다.

❷ 초등학생 눈높이에 맞게 보카텔링의 마법을 풀어냈습니다.

① 아이들이 가장 편하게 받아들일 수 있는 한글 해설로 영단어를 풀어냈습니다.

② 이미 알고 있는 만화 캐릭터, 앵그리 버드, 포켓몬스터 등 1000개 이상의 외래어와 영단어를 유기적으로 연계시켜서 뇌가 영단어를 곧바로 인지하고 흡수하도록 고안했습니다.

③ 펜싱(fencing) 경기, 오세아니아(Oceania)와 같이 너무나 익숙해서 영단어인지 인식하지 못하는 수많은 외래어가 영단어임을 일깨워서 뇌가 해당 영단어를 자동으로 기억할 수 있는 혁신적인 학습 툴을 제공했습니다.

부모님께 드리는 당부의 말씀:

〈영단어 무한 지배자 초등편〉은 여타 초등용 영단어 교재들보다 더 많은 어휘를 수록하고 있습니다. 하지만, 이 책을 열어 본 대부분의 아이들은 '어~ 다 아는 단어네!'라고 말하곤 합니다. 보카텔링(VOCA Telling)으로 쉽게 풀어낸 책 내용을 보며 자신도 모르게 처음 보는 단어를 이미 알고 있는 단어로 인식했기 때문입니다. 따라서 아이들이 다 안다고 말하더라도 개의치 마시고 끝까지 책을 읽혀서, 초등 필수 800단어와 예비 중학 300단어를 모두 익힐 수 있도록 도와주세요.

난공불락의 영단어가 무장해제 되는 Zone, 보카텔링(VOCA Telling)

보카텔링을 통(通)하면 영단어가 마법같이 쉬워져요!

1 단계 초등학생이라면 아래의 영단어가 조금 낯설고 어렵지 않을까요?

2 단계 보카텔링을 통(通)하면 영단어가 정말 쉽게 느껴지죠?

- 바다의 왕자 **마린보이** → **marine** 바다의, 해양의

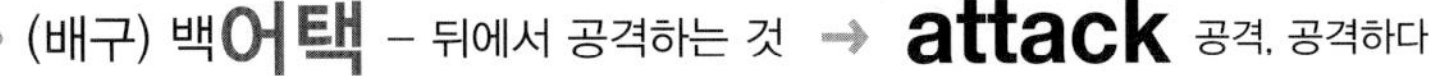

- (배구) 백**어택** – 뒤에서 공격하는 것 → **attack** 공격, 공격하다

- 편하게 신는 **캐주얼** 신발 → **casual** 평상복의, 격식 없는

- 땀이 나면 마시는 포카리**스웨트** → **sweat** 땀

초등학생은 재미있게 놀면서 영단어를 익혀야 합니다!

영어를 처음 시작하는 초등학생은 스트레스 없이 영단어를 외워야 합니다. 그런데 기존의 초등용 영단어 교재들은 특별한 암기비법도 없이 어린 학생들이 MP3 듣고 받아쓰게 하고, 기본 단어도 모르는 아이들이 영어 예문을 보며 끙끙거리며 공부하게 만들었지요. 또한 이런 진부한 방식으로 암기가 잘 되지 않자, 책 뒤에 연습문제를 만들어서 여러 번 받아쓰면서 지겨운 방식으로 영단어를 암기하게 했지요. 이렇게 영단어를 익히면서 우리 아이들이 영어에 취미를 붙이기를 바라나요?

허접한 영단어장은 지구를 떠나라!

보카텔링 자동인식 암기법을

적용시킨 **〈영단어 무한 지배자〉**

시리즈가 나오기까지,

제레미 선생님을 만나

뒷얘기를 들어보았어요.

1 '허접한 영단어장은 지구를 떠나라'고 하셨는데, 기존의 초등 영단어 교재들은 어떤 문제점이 있나요?

영어 공부에 있어서 가장 골치 아픈 부분이 바로 영단어 암기입니다. 우리나라 학생들이 대학에 들어가기 위해서는 대개 5000개 전후의 영단어를 암기해야 하는데, 영단어 스펠링은 물론이고 발음에 다양한 뜻까지 통째로 암기해야 하니 얼마나 힘들겠어요. 안타깝게도 영단어 때문에 영어를 포기하는 학생들이 우리 주위에 너무도 많습니다.

그런데 영단어를 정말 쉽게 외우게 해주는 교재 보셨나요? 책 광고에서 '1시간에 100단어를 외웠다는 둥, 3일 만에 3000단어를 외웠다는 둥, 뇌를 활성화시켰다는 둥' 근거 없이 주장하는 것 말고 실제로 읽었을 때 정말 쉽게 암기되는 영단어 암기장 말입니다. 저는 솔직히 그런 책을 보지 못했습니다. 그래서 **한 번 읽기만 해도 이미 알고 있던 단어로 착각할 만큼 머릿속에 자동으로 인식되고 쉽게 기억되는 그런 영단어장을 내 손으로 만들겠다는 일념으로 이 책을 쓰게 됐습니다.**

2 직접 고안하신 보카텔링(VOCA Telling) 자동인식 암기법에 대해 설명해 주시겠어요?

사람의 뇌는 이미 알고 있는 것은 자연스럽게 받아들이지만 익숙하지 않은 정보를 인지하고 기억하기까지는 상당한 시간과 노력이 필요합니다.

보카텔링(VOCA Telling) 자동인식 암기법은 모든 영단어에 대한 과학적인 분석을 바탕으로 사람의 뇌가 처음 접하는 영단어를 이미 알고 있던 것처럼 인식하여 자동으로 암기할 수 있도록 다음과 같은 최적의 멀티 기법을 도입했습니다.

❶ **학생들이 가장 편하게 받아들일 수 있는 짧은 한글 해설로 영단어를 풀이했습니다.**

❷ **짧은 한글예문 속에 이미 알고 있는 쉬운 영단어와 철자, 발음, 모양이 비슷한 어려운 영단어를 함께 배열해 뇌가 새로운 영단어를 기존의 알고 있는 영단어처럼 거부감 없이 바로 인지하고 암기할 수 있는 학습 툴을 제공했습니다.**

❸ **학생들이 이미 알고 있는 페이스북, 립스틱, 피겨 스케이팅, 스파이더맨 등 1000개 이상의 외래어와 영단어를 유기적으로 연결해 뇌가 영단어를 곧바로 흡수하도록 고안했습니다.**

❹ **리어카(rearcar), 펜싱(fencing) 경기와 같이 너무나 익숙해서 영어인지 인식하지도 못하는 수많은 외래어가 영단어임을 부각시켜서 뇌가 자동으로 영단어를 이해하고 암기하도록 했습니다.**

❺ **학생들이 혼자 공부하기에는 다소 어려움이 있는 그리스어, 라틴어 어원을 누구나 이미 알고 있는 외래어를 바탕으로 쉽게 풀어내서 뇌가 아무런 스트레스 없이 어원에 기초한 영단어까지 모두 습득하고 기억할 수 있도록 기획했습니다.**

이처럼 보카텔링 자동인식 암기법은 영단어를 무작정 암기하는 것이 아니라, 사람의 뇌가 이미 인지하고 있던 외래어, 기초 영단어 등을 활용해 새로운 영단어를 이미 알고 있던 영단어처럼 친숙하게 인식해 곧바로 암기할 수 있도록 고안된 획기적인 암기법입니다.

3 〈영단어 무한 지배자〉 시리즈는 색인(index)부터 봐야 하는 책이라고 하시는데, 이렇게 말씀하시는 데에는 특별한 이유라도 있나요?

책의 색인을 살펴보는 것은 책의 어휘 수준을 파악할 뿐 아니라 자신의 현재의 어휘 수준을 진단하는 데에도 도움이 됩니다.

그런데 신기한 점은, 처음에 이 책의 색인을 보면 분명히 모르는 단어들이 많아 보였는데 막상 책 본문을 보다 보면 모르는 단어가 별로 없는 신기한 경험을 하게 될 것입니다. 이게 바로 **보카텔링 자동인식 암기법이 지닌 마법의 힘입니다. 상당히 많은 영단어가 보는 즉시 암기가 되니까요.**

그래서 그런지, 요즘 〈영단어 무한 지배자〉가 기초 영단어 교재 아니냐고 묻는 독자들이 의외로 많은데요. 초중고 각 단계별로 필수 어휘 및 고급 어휘까지 모두 포함하고 있는 영단어 교재를 이처럼 쉬운 어휘 교재라고 하실 때마다 저는 그동안 학생들을 그토록 괴롭혀온 영단어 암기의 어려움을 획기적으로 해소시킨 마법의 암기장을 내 손으로 만들어냈다는 강한 자긍심을 느낍니다. **다른 교재로 암기할 때에는 그토록 어렵던 영단어까지 너무나 쉽게 외워지니까** 기초 영단어 암기용 교재로 착각하는 것 아닐까요?

영단어 무한 지배자 초등편 은 이렇게 공부하세요!

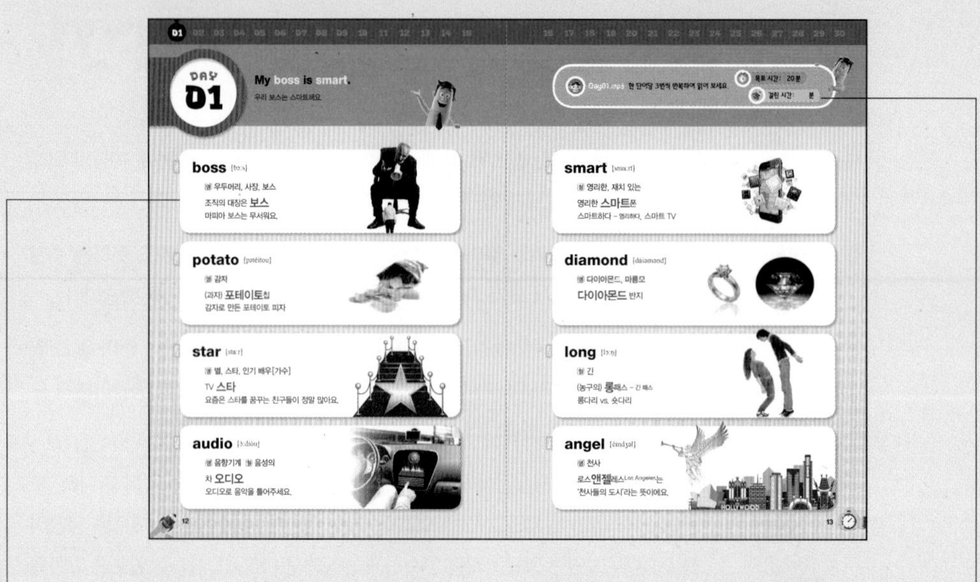

● **생생한 이미지**와 일상에서 사용되는 **외래어**를 실제 영단어와 **연계**시켜 **쉽고 재미있게** 영단어 학습을 시작할 수 있도록 구성하였습니다. 또한 정확한 **원어민 발음**으로 단어와 스펠링까지 읽어주는 데이별 **MP3**를 통해 보다 빠르고 확실하게 영단어를 암기할 수 있습니다.

● 시뮬레이션을 통해 측정된 **목표 시간**을 **제시**하고 실제 학생들이 읽는 데 **걸린 시간**을 스스로 **확인**해볼 수 있게 함으로써 단어 학습에 시간을 효율적으로 할애할 수 있도록 했습니다.

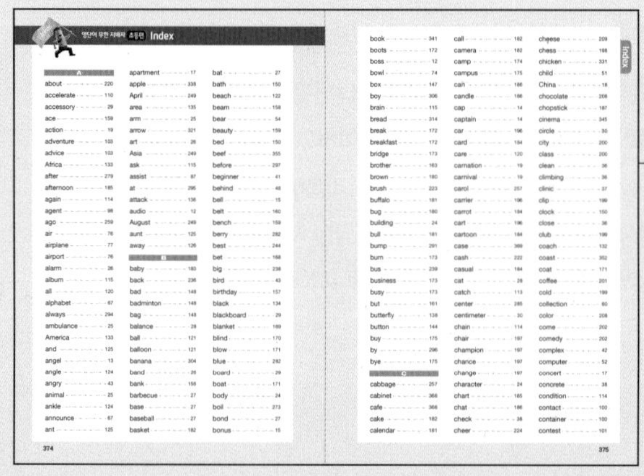

● 이 책에 있는 **단어**를 한데 모아 **알파벳순**으로 해당 페이지를 **정리**하여 특정 단어의 의미와 쓰임을 찾아보기 쉽도록 만들었습니다.

이 책의 발음기호 익히기

! 아래 차트의 '발음 기호'에 대한 '한글 발음'은 각각의 영어 발음과 가장 비슷한 한글 발음으로 표현한 것에 불과합니다. 모든 영어단어에 대한 정확한 발음은 **MP3**를 통해 확실하게 익히세요!

번호	발음 기호	한글 발음
01	a	아
02	e	에
03	æ	애
04	i	이
05	ɔ	오
06	u	우
07	ə	어
08	ʌ	어
09	a:	아
10	i:	이
11	ɔ:	오
12	u:	우
13	ə:	어
14	ai	아이
15	ei	에이
16	au	아우
17	ɔi	오이

번호	발음 기호	한글 발음
18	ou	오우
19	iər	이어
20	ɛər	에어
21	uer	우어
22	p	ㅍ
23	b	ㅂ
24	t	ㅌ
25	d	ㄷ
26	k	ㅋ
27	g	ㄱ
28	f	ㅍ
29	v	ㅂ
30	θ	ㅆ
31	ð	ㄷ
32	s	ㅅ
33	z	ㅈ
34	ʃ	쉬

번호	발음 기호	한글 발음
35	ʒ	쥐
36	tʃ	취
37	ʤ	쥐
38	h	ㅎ
39	r	ㄹ
40	m	ㅁ
41	n	ㄴ
42	l	ㄹ
43	j	이
44	w	우
45	wa	와
46	wɔ	워
47	ju	유
48	ʤa	주ㅏ
49	tʃa	추ㅏ

이 책의 표기

Wow,	You	have	very	cute	dogs	and	cats	at	home
감	대	동	부	형	명	접	명	전	명
와~ 당신은 집에 매우 귀여운 개들과 고양이들을 가지고 있군요!									

1 명 **명사**: 사람이나 사물의 이름 — 예 Jane(제인), apple(사과), love(사랑)

2 대 **대명사**: 명사를 대신해서 쓰는 말 — 예 I(나), you(너), it(그것), we(우리)

3 동 **동사**: 움직임이나 상태를 나타내는 말 — 예 run(달리다), eat(먹다), am(~이다)

4 형 **형용사**: 명사를 꾸며주는 말 — 예 beautiful(아름다운), pretty(예쁜), strong(강한)

5 부 **부사**: 동사, 형용사, 다른 부사 혹은 문장을 꾸며주는 말 — 예 very(매우), fast(빨리), here(여기), early(일찍)

6 전 **전치사**: 명사 앞에 와서 의미를 더해주는 말 — 예 in(~안에), on(~위에), from(~부터), to(~까지)

7 접 **접속사**: 단어와 단어, 문장과 문장을 이어주는 말 — 예 and(그리고), but(그러나), or(혹은)

8 감 **감탄사**: 감정이나 느낌을 나타내는 말 — 예 wow(와), oops(아차)

영단어 무한 지배자 초등편 공부 계획표

참고용으로 제시된 다음 공부 계획표를 보고
각자의 수준과 일정에 맞게 단어 학습을 시작해보세요.

● 기본 과정 | 30일 마무리

DAY	DAY 01	DAY 02	DAY 03	DAY 04	DAY 05
학습일	월 일	월 일	월 일	월 일	월 일
맞힌 단어 개수					
틀린 단어 개수					

DAY	DAY 06	DAY 07	DAY 08	DAY 09	DAY 10
학습일	월 일	월 일	월 일	월 일	월 일
맞힌 단어 개수					
틀린 단어 개수					

DAY	DAY 11	DAY 12	DAY 13	DAY 14	DAY 15
학습일	월 일	월 일	월 일	월 일	월 일
맞힌 단어 개수					
틀린 단어 개수					

DAY	DAY 16	DAY 17	DAY 18	DAY 19	DAY 20
학습일	월 일	월 일	월 일	월 일	월 일
맞힌 단어 개수					
틀린 단어 개수					

DAY	DAY 21	DAY 22	DAY 23	DAY 24	DAY 25
학습일	월 일	월 일	월 일	월 일	월 일
맞힌 단어 개수					
틀린 단어 개수					

DAY	DAY 26	DAY 27	DAY 28	DAY 29	DAY 30
학습일	월 일	월 일	월 일	월 일	월 일
맞힌 단어 개수					
틀린 단어 개수					

● 단기완성 과정 | 15일 마무리

DAY	DAY 01/02	DAY 03/04	DAY 05/06	DAY 07/08	DAY 09/10
학습일	월 일	월 일	월 일	월 일	월 일
맞힌 단어 개수					
틀린 단어 개수					

DAY	DAY 11/12	DAY 13/14	DAY 15/16	DAY 17/18	DAY 19/20
학습일	월 일	월 일	월 일	월 일	월 일
맞힌 단어 개수					
틀린 단어 개수					

DAY	DAY 21/22	DAY 23/24	DAY 25/26	DAY 27/28	DAY 29/30
학습일	월 일	월 일	월 일	월 일	월 일
맞힌 단어 개수					
틀린 단어 개수					

Contents

My boss is smart.

우리 보스는 스마트해요.

0001 **boss** [bɔːs]

명 우두머리, 사장, 보스

조직의 대장은 **보스**
마피아 보스는 무서워요.

0002 **potato** [pətéitou]

명 감자

(과자) **포테이토**칩
감자로 만든 포테이토 피자

0003 **star** [stɑːr]

명 별, 스타, 인기 배우[가수]

TV **스타**
요즘은 스타를 꿈꾸는 친구들이 정말 많아요.

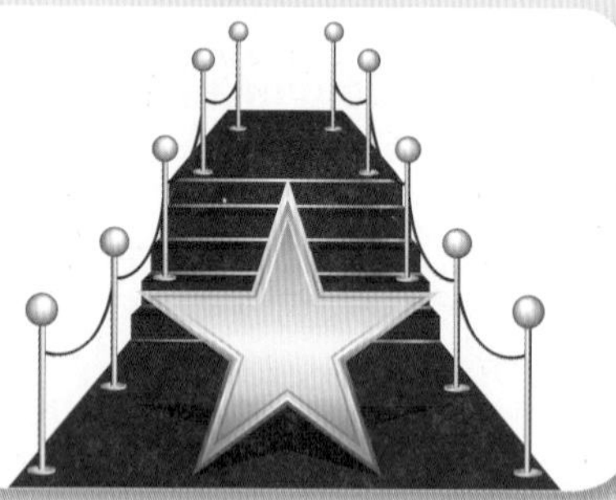

0004 **audio** [ɔ́ːdiòu]

명 음향기계 형 음성의

차 **오디오**
오디오로 음악을 틀어주세요.

Day01.mp3 한 단어당 3번씩 반복하여 읽어 보세요.

목표 시간: 20분

걸린 시간: 분

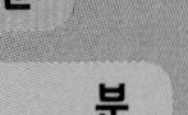

0005 **smart** [smaːrt]

형 영리한, 재치 있는

영리한 **스마트**폰

스마트하다 – 영리하다, 스마트 TV

0006 **diamond** [dáiəmənd]

명 다이아몬드, 마름모

다이아몬드 반지

0007 **long** [lɔːŋ]

형 긴

(농구의) **롱**패스 – 긴 패스

롱다리 vs. 숏다리

0008 **angel** [éindʒəl]

명 천사

로스**앤젤**레스Los Angeles는

'천사들의 도시'라는 뜻이에요.

0009 **cup** [kʌp]

명 컵, 찻잔

물**컵** 좀 줄래?
유리컵이 깨졌어요.

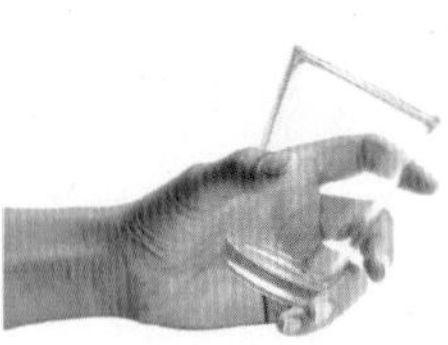

0010 **captain** [kǽptin]

명 선장, 우두머리

캡틴 잭스패로 – 캐리비안의 해적 선장
(축구) 캡틴 박지성 – 주장 박지성

0011 **cap** [kæp]

명 모자

야구 모자를 **캡**이라고 하죠.
샤워캡 – 샤워할 때 쓰는 모자

0012 **trick** [trik]

명 속임수, 계략

트릭 쓰지 마세요. – 속임수 쓰지 마세요.

0013 **truck** [trʌk]

명 트럭

트럭 운전
화물 트럭

0014 **trunk** [trʌŋk]

명 여행용 가방, 차 트렁크

트렁크에 옷을 넣으세요.

– 여행용 가방에 옷을 넣으세요.

0015 **bell** [bel]

명 종

징글**벨**

골든벨을 울려라!

0016 **label** [léibəl]

명 라벨, 상표, 꼬리표

라벨을 확인하다

상품에 꼬리표처럼 붙어 있는 라벨

0017 **bonus** [bóunəs]

명 보너스, 상여금

보너스 상품

아빠가 보너스를 타면 외식하나요?

0018 **drama** [drɑ́:mə]

명 드라마, 연극

TV **드라마**

0019 **parasol** [pǽrəsɔ̀:l]

명 파라솔, 차양막

햇빛을 막아주는 해변 **파라솔**

0020 **Olympic** [əlímpik]

형 올림픽 경기의

올림픽 경기는 4년마다 열리죠.

0021 **luxury** [lʌ́kʃəri]

명 사치품, 호사

럭셔리한 핸드백

화려하고 럭셔리한 시계

0022 **major** [méidʒər]

형 주요한, 중요한

미국 야구에서 가장 중요한 **메이저** 리그

류현진 선수의 메이저 리그 진출

0023 **movie** [mú:vi]

명 영화, 무비

무비 스타 – 인기 있는 영화배우

액션 무비 ⊕ **move** 동 움직이다, 이사하다

0024 **film** [film]

명 필름, 영화

사진 **필름**
필름이 필요 없는 디지털 카메라

0025 **center** [séntər]

명 중앙, 중심

쇼핑**센터**
주민센터

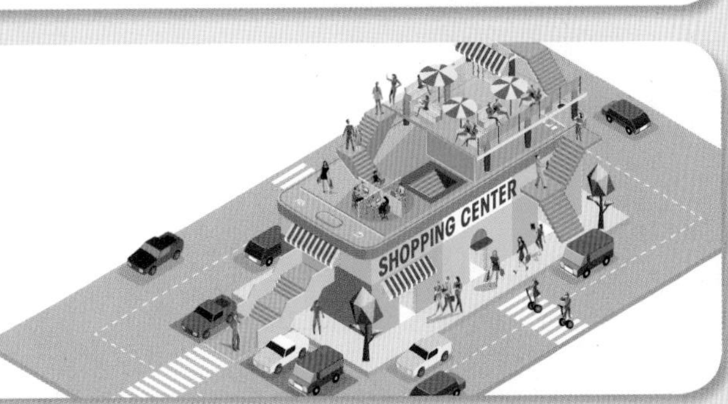

0026 **concert** [kάnsə:rt]

명 콘서트, 연주회

가요 **콘서트**
야외 콘서트

0027 **partner** [pά:rtnər]

명 파트너, 상대, 동료

게임 **파트너**
공부 파트너

0028 **apartment** [əpά:rtmənt]

명 아파트

아파트 몇 층에 사세요?
요즘 고층 아파트가 정말 많아요.

0029

pass [pæs]

동 건네주다, 지나가다 명 통행

그 공을 나한테 **패스**해.

(고속도로 톨게이트) 하이패스

0030

score [skɔːr]

명 득점, 점수

현재 **스코어**는 3대 2입니다.

점수를 기록하는 스코어보드

0031

cover [kʌ́vər]

동 덮다, 가리다 명 덮개

침대 **커버**, 매트 커버

단점을 커버하다

0032

demo [démou]

명 데모, 시위운동; 선전용 제품

데모 때문에 길이 막혀서 늦었어요.

데모 버전의 컴퓨터 게임

0033

China [tʃáinə]

명 중국

차이나타운

– 중국 사람이 모여 사는 마을

0034 **town** [taun]

명 도시, 마을

다운**타운**

– 도시 중심의 상업지대

0035 **punch** [pʌntʃ]

명 (주먹으로) 치기, 펀치
동 (주먹으로) 치다, 구멍을 뚫다

펀치를 한 방 날리다
펀치가 세다

0036 **action** [ǽkʃən]

명 행동

액션배우
오버액션 하지 마. ⊕ **act** 동 행동하다

0037 **carnival** [kɑ́:rnəvəl]

명 축제, 사육제

브라질의 리우 **카니발**은
세계 3대 축제 중 하나죠.

0038 **carnation** [ka:rnéiʃən]

명 카네이션, 분홍색

어버이날 부모님께 달아드리는 **카네이션**

That building is so high.

저 건물은 정말 높아요.

0039 **character** [kǽriktər]

명 등장인물, 특성

만화 **캐릭터** – 만화의 등장인물

뽀로로는 제 동생이 좋아하는 귀여운 캐릭터예요.

0040 **body** [bɑ́di]

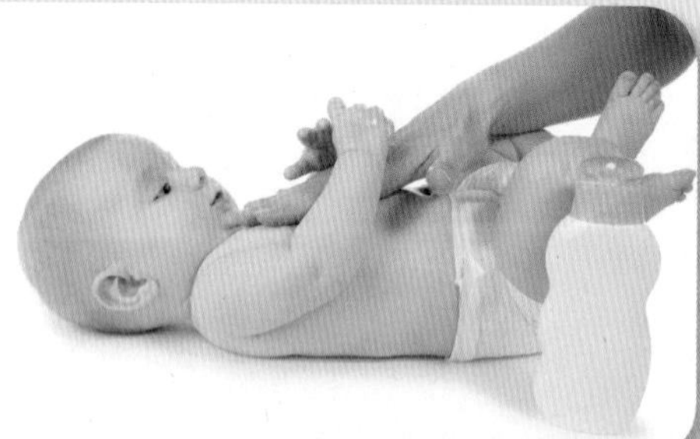

명 몸, 신체

바디로션

몸에 바디로션을 발랐어요.

0041 **guard** [gaːrd]

동 경호하다 명 경비원

보디**가드**bodyguard – 경호원

가드 레일guardrail – 차와 사람을 보호하기 위해 도로에 친 철책

0042 **building** [bíldiŋ]

명 건물, 건축물

고층 **빌딩**

저 빌딩은 몇 층까지 있을까? ⊕ **build** 동 짓다, 건설하다

Day02.mp3 한 단어당 3번씩 반복하여 읽어 보세요.

목표 시간: 20분

걸린 시간: 분

0043 **war** [wɔːr]

명 전쟁

스타워즈Star Wars

– 별들의 전쟁

0044 **ambulance** [ǽmbjuləns]

명 구급차

앰뷸런스는 구급차를 말하지요.

환자가 있으니 앰뷸런스 좀 불러 주세요.

0045 **animal** [ǽnəməl]

명 동물, 짐승

동물 모양의 애니멀 쿠키

애니팡은 애니멀이 팡팡 터지는 게임이지요.

0046 **arm** [aːrm]

명 팔

(가구) 암체어

– 팔을 걸치고 앉는 의자

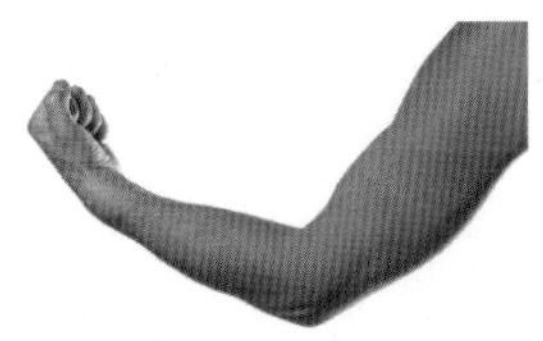

0047 **alarm** [əlάːrm]

명 알람, 경종 동 놀라게 하다

알람 시계

알람 소리가 너무 커서 놀랐어요.

0048 **art** [aːrt]

명 예술, 미술, 기술

네일 **아트** – 손톱을 가꾸는 예술

+ **artist** 명 예술가, 미술가, 아티스트

0049 **band** [bænd]

명 띠, 끈, 밴드

고무 **밴드**로 머리를 묶어요.

대일밴드

0050 **wife** [waif]

명 아내, 부인

하우스**와이프**housewife – 전업 주부

0051 **husband** [hʌ́zbənd]

명 남편

하우스 **허즈번드**house husband – 집안일을 하는 남편

0052 **bond** [band]

명 본드, 접착제

강력 **본드**

손에 본드가 묻지 않게 조심하세요.

0053 **barbecue** [bɑ́:rbikjù:]

명 바비큐, 통구이

통닭 **바비큐** 파티

0054 **base** [beis]

명 바닥, 기초 동 기초를 놓다

(야구) 1루 **베이스**는 1루 바닥에 놓여 있지요.

(등산) 에베레스트 베이스캠프

– 에베레스트 산 기슭(아랫부분)에 설치하는 캠프

0055 **baseball** [béisbɔ:l]

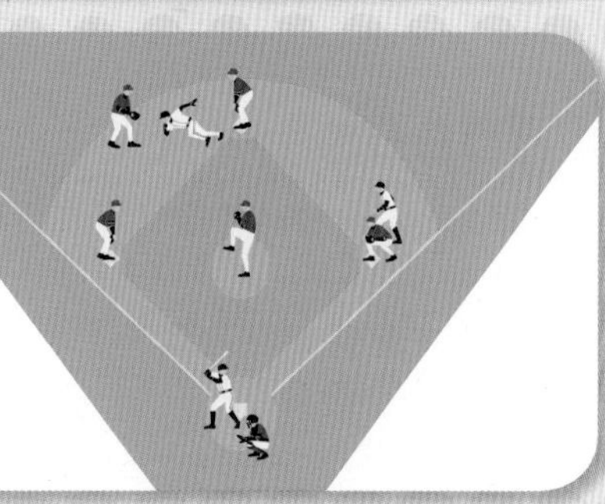

명 야구

베이스볼

– 1루, 2루, 3루 베이스를 차례로 돌아오는 야구 경기

0056 **bat** [bæt]

명 방망이, 배트; 박쥐

야구 **배트**

영화 〈배트맨〉 – 박쥐 인간

0057

cat [kæt]

명 고양이

사바나**캣**은 세상에서 가장 큰 고양이래요.

캣타워 – 고양이 놀이 공간

0058

kettle [kétl]

명 주전자, 솥

케틀벨

– 주전자 모양의 운동기구

0059

cycle [sáikl]

명 자전거

사이클 경기

대한 **사이클** 연맹

0060

focus [fóukəs]

명 초점

(카메라) **포커스** 맞추기

– 초점 맞추기

0061

balance [bǽləns]

명 균형 동 균형을 유지하다

식사를 할 땐 영양소의

밸런스가 중요해요.

0062 **uncle** [ʌŋkl]

명 삼촌, 아저씨

소설 《**엉클** 톰스 캐빈》은 '톰 아저씨의 오두막집'이란 뜻이죠.
(상식) 미국을 흔히 '엉클 샘'이라고 불러요.

0063 **board** [bɔːrd]

명 판자 동 ~에 타다

스노 **보드** – 눈 위에서 타는 판자
컴퓨터 키보드

0064 **blackboard** [blǽkbɔ̀ːrd]

명 칠판

블랙보드
– 검은색(블랙) 판자(보드)로 만든 칠판

0065 **accessory** [æksésəri]

명 장식품, 부속품, 부속물

예쁜 **액세서리**
컴퓨터 액세서리

0066 **percent** [pərsént]

명 백분율, 퍼센티지

내신 상위 1**퍼센트**에 드는 것은 어려워요.

0067 **centimeter** [séntimìːtər]

명 1/100미터, 센티미터

제 키는 165**센티미터**예요.

0068 **synchronize** [síŋkrənàiz]

동 동시에 발생하다

싱크로나이즈 스위밍(수중발레)에서는
선수들의 동작이 마치 한 몸처럼 일치하죠.

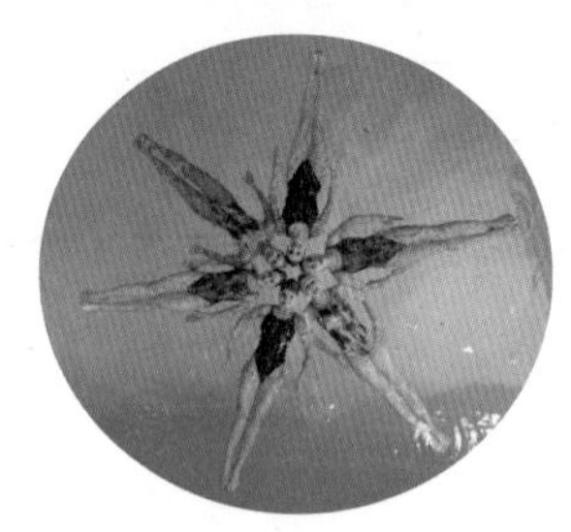

0069 **scissors** [sízərz]

명 가위

(축구) **시저스** 킥을 가위차기라고 하지요.
호날두의 멋진 시저스 킥

0070 **circle** [sə́ːrkl]

명 원 동 원을 그리다

둥근 **서클**을 그려보세요.
(축구) 센터서클 – 축구장 중앙의 원
다크서클 – 눈 밑이 동그랗게 어두워 보이는 것

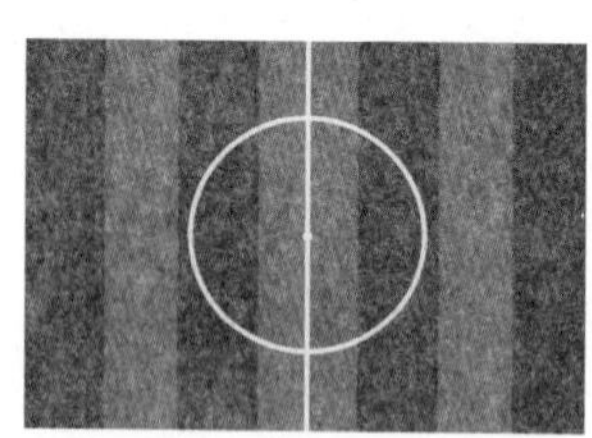

0071 **exciting** [iksáitiŋ]

형 흥분시키는, 재미있는

(야구장의) **익사이팅** 존zone
– 야구장에서 신나게 즐길 수 있는 특별 관중석

0072 **screen** [skriːn]

명 칸막이, 막 동 막을 치다

와이드 **스크린**wide screen – 대형 화면

0073 **sale** [seil]

명 판매

파격 **세일**

세일즈맨 – 판매원

0074 **cross** [krɔːs]

명 교차, 십자가 동 가로지르다

(축구) **크로스** 패스

– 반대쪽에 있는 선수에게 공을 가로질러 패스하는 것

0075 **walk** [wɔːk]

동 걷다 명 걷기

패션모델의 **워킹**

0076 **dictionary** [díkʃənèri]

명 사전

저 사람은 워킹 **딕셔너리**야.

– 저 사람은 걸어다니는 사전이야.(=아는 것이 매우 많아.)

I need some clean water.

깨끗한 물이 좀 필요해요.

0077 **clean** [kli:n]

형 깨끗한 동 청소하다

드라이**클리닝**dry cleaning을 했더니
옷이 깨끗하네요.

0078 **crystal** [krístl]

명 크리스털, 수정(水晶)

크리스털은 물처럼 맑은 보석이지요.

0079 **close** 형 [klous] 동 [klouz]

형 가까운 동 닫다

오픈 vs. **클로즈** – 열기 vs. 닫기
(카메라) 클로즈업
– 가까운 거리에 있는 것처럼 확대하여 촬영하기

0080 **climbing** [kláimiŋ]

명 등산, 기어오름

클라이밍 열풍 – 등산 열풍
클라이밍 다이어트, 실내 클라이밍

 Day03.mp3 한 단어당 3번씩 반복하여 읽어 보세요.

 목표 시간: 20분

 걸린 시간: 분

0081 

clinic [klínik]

명 진료소, 클리닉

비만 **클리닉**, 성장 클리닉

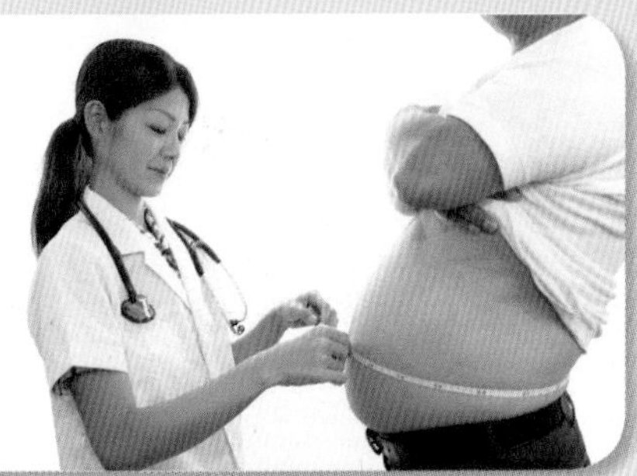

0082

record 명 [rékərd] 동 [rikɔ́:rd]

명 기록 동 기록하다

레코드판에는 노래가 기록되어 있지요.

0083

technique [tekní:k]

명 기술, 솜씨

환상의 **테크닉**

테크닉이 좋은 목수

0084

space [speis]

명 공간, 우주

키보드의 **스페이스** 바를 누르면 공간이 생기죠.

스페이스센터에 가면 우주를 체험할 수 있어요.

0085

recreation [rèkriéiʃən]

명 오락, 휴양, 레크리에이션

신나는 **레크리에이션** 시간

레크리에이션 강사

0086

concrete [kάnkri:t]

명 콘크리트

단단한 **콘크리트** 건물

콘크리트 댐

0087

credit [krédit]

명 신용, 외상 동 신용하다

미국은 신용을 중시하는 **크레딧** 사회예요.

크레딧 카드 – 신용카드

0088

eye [ai]

명 눈

아이라인 – 눈에 그리는 선

아이섀도 – 눈에 그림자를 만드는 것

0089

check [tʃek]

명 점검 동 확인하다

꼼꼼히 **체크**해 주세요.

0090 **dental** [déntl]

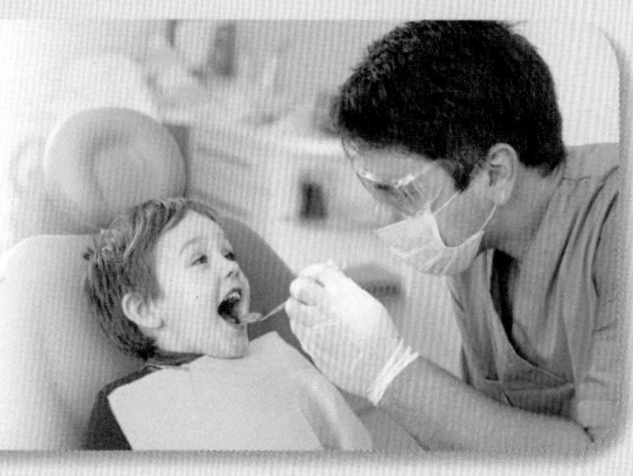

형 이의, 치과의

덴탈 클리닉 – 치과 진료소

⊕ **dentist** 명 치과의사

0091 **dome** [doum]

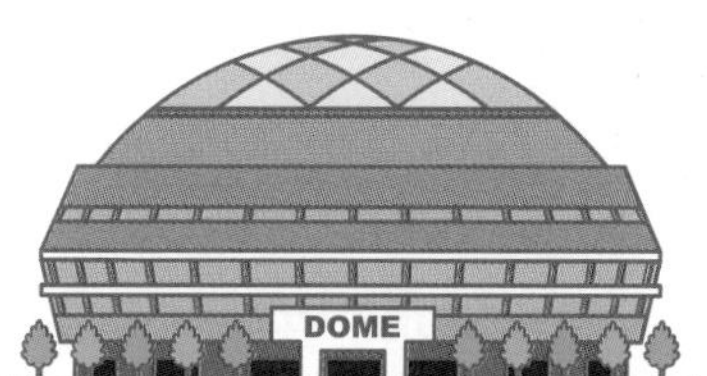

명 돔, 둥근 천장

돔구장 – 천장이 둥근 야구 경기장

돔 양식 – 천장이 둥근 이슬람 건축 양식

0092 **duet** [dju:ét]

명 듀엣, 이중주

(음악) **듀엣**

– 두 사람이 노래하거나 연주하는 이중창 또는 이중주

0093 **double** [dʌbl]

형 두 배의, 이중의

더블 치즈버거

더블 침대

0094 **dynamite** [dáinəmàit]

명 다이너마이트

다이너마이트를 발명한 사람은 노벨이에요.

0095 **excel** [iksél]

동 능가하다, ~보다 낫다

(컴퓨터) **엑셀** 프로그램

엑셀이 계산기보다 나아요.

0096 **exit** [égzit / éksit]

명 출구 동 나가다

비상 출입문에 표시되어 있는 **엑시트**Exit는 출구를 뜻하지요.

0097 **perfect** [pə́:rfikt]

형 완벽한, 완전한

퍼펙트해. – 완벽해.

(야구) 퍼펙트게임

– 상대 팀의 주자를 한 명도 출루시키지 않고 이긴 시합

0098 **factory** [fǽktəri]

명 공장

팩토리 아웃렛

– 공장 직판매장

0099 **office** [ɔ́:fis]

명 사무실

사무실이 많은 **오피스**빌딩, 오피스텔

⊕ **officer** 명 공무원, 경찰관

0100 **fashion** [fǽʃən]

명 유행, 패션

패션쇼에 가면 최신 유행을 알 수 있지요.
패션모델

0101 **face** [feis]

명 얼굴

포커**페이스** – 속마음을 잘 드러내지 않는 얼굴
페이스북

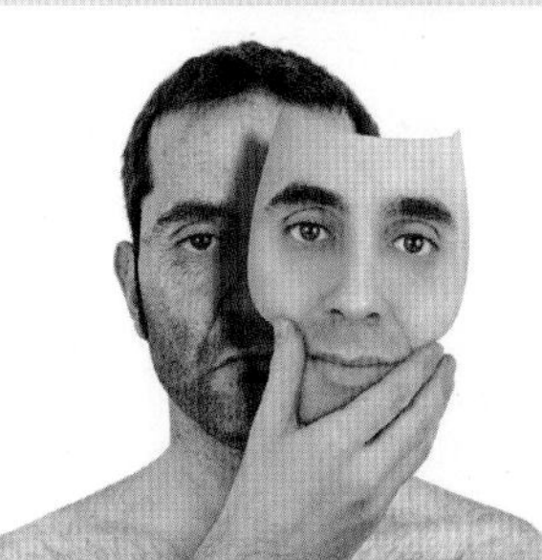

0102 **fantastic** [fæntǽstik]

형 환상적인, 굉장한

판타스틱한 마술쇼를 보니 굉장하군요.

0103 **final** [fáinl]

형 마지막의, 최종적인

파이널 테스트 – 최종 시험, 파이널 특강
(스포츠) 파이널 라운드 – 결승전

0104 **beginner** [bigínər]

명 초보자

비기너 코스 – 초보자용 쉬운 코스

➕ **begin** 동 시작하다

0105

fire [faiər]

명 불 동 불을 붙이다

캠프파이어 – 야영 가서 하는 불놀이

파이어 알람 – 화재 감지기 ➕ **fireman** 명 소방관

0106

complex [kámpleks]

명 콤플렉스, 열등감

외모 콤플렉스

목소리 콤플렉스

0107

flower [fláuər]

명 꽃

꽃을 말리면 드라이플라워가 되죠.

0108

flu [flu:]

명 독감, 유행성 감기

신종 플루가 유행이래요. 독감 조심하세요.

0109

forward [fɔ́:rwərd]

부 앞으로, 전방으로

(축구) 센터포워드 – 전방으로 나가 있는 중앙 공격수

(농구) 포워드

0110 **photo** [fóutou]

명 사진(=photograph)

포토샵 프로그램으로 사진을
예쁘게 꾸며보세요.

0111 **angry** [ǽŋgri]

형 화난, 성난

게임 〈**앵그리** 버드〉에는
화난 새가 등장하죠.

0112 **bird** [bəːrd]

명 새

게임 〈앵그리 **버드**〉에는
여러 종류의 새가 나와요.

0113 **early** [ə́ːrli]

부 일찍 형 이른

얼리 버드 – 일찍 일어나는 새(새벽형 인간)
얼리 어댑터early adopter – 가장 먼저 제품을 사는 소비자

0114 **ugly** [ʌ́gli]

형 못생긴, 추한

어글리하다 – 못생겼다

There is a story behind him.

그에 대한 숨겨진 이야기가 있어요.

0115

story [stɔ́:ri]

명 이야기

러브 **스토리** – 사랑 이야기

0116

behind [biháind]

전 ~의 뒤에

비하인드 스토리 – 뒤에 숨겨진 이야기

0117

tell [tel]

동 말하다

스토리**텔링** – 재미있고 생생한 이야기로 정보를 설득력 있게 전달하는 행위 ⊕ **telling** 명 말하기

0118

uniform [jú:nəfɔ̀:rm]

명 유니폼, 제복

중학교 **유니폼**
야구 유니폼

Day04.mp3 한 단어당 3번씩 반복하여 읽어 보세요.

목표 시간: 20분

걸린 시간: 분

0119 **form** [fɔ:rm]

명 모양, 형식 동 형성하다

달리는 **폼**이 멋있네요.

0120 **horse** [hɔ:rs]

명 말

다크**호스**dark horse – 실력이 알려지지 않은 말

0121 **front** [frʌnt]

명 앞, 전면

호텔 **프런트** – 호텔 로비에서 접수&안내 사무를 보는 곳

호텔 프런트에 열쇠를 맡기세요.

0122 **jewelry** [dʒú:əlri]

명 보석, 보석류

주얼리숍 – 보석 가게

보석 진열장에는 반짝반짝한 주얼리가 진열되어 있어요.

0123 **junior** [dʒúːnjər]

형 나이 어린, 손아래의 명 후배

주니어 의류 – 아동용 의류
어린이들이 이용하는 주니어 네이버

0124 **senior** [síːnjər]

형 손위의 명 연장자, 선배

주니어 & **시니어** – 후배 & 선배
시니어 일자리 – 노인 일자리, 시니어 모델 – 노인 모델

0125 **fund** [fʌnd]

명 자금, 기금

펀드 매니저
– 자금이나 돈을 관리하는 사람

0126 **engine** [éndʒin]

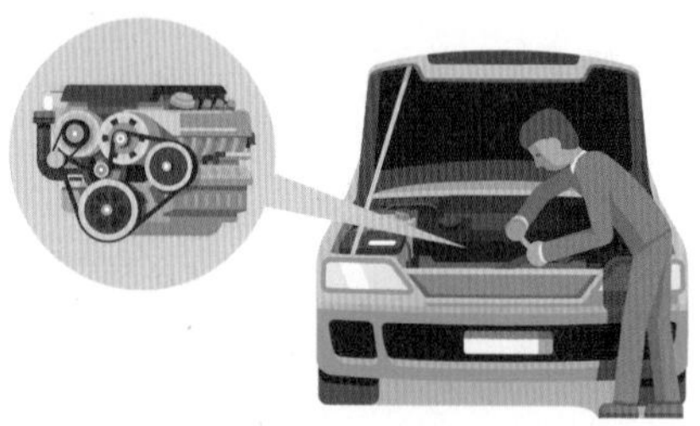

명 엔진

자동차 **엔진**
디젤 엔진

⊕ **engineer** 명 기관사, 엔지니어

0127 **original** [ərídʒənl]

형 최초의, 독창적인 명 오리지널

오리지널 작품
오리지널 원조 닭갈비

0128 **sunglasses** [sʌ́nglæ̀siz]

명 선글라스

바닷가에서는 **선글라스**를 끼세요.

⊕ **glass** 명 유리, 잔

0129 **grand** [grænd]

형 큰

그랜드 피아노, (미국) 그랜드캐니언 – 웅장한 협곡

⊕ **grandfather** 명 할아버지 **grandmother** 명 할머니

0130 **child** [tʃaild]

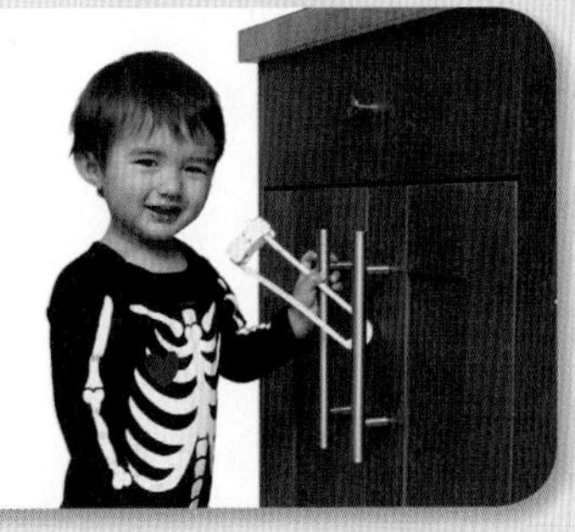

명 어린이

차일드락lock

– 어린이를 위한 안전 잠금장치

0131 **graphic** [grǽfik]

명 그래픽 형 도표의

컴퓨터 **그래픽**

그래픽 디자이너

0132 **program** [próugræm]

명 프로그램, 계획

TV **프로그램**

컴퓨터 프로그램

0133 **group** [gruːp]

명 집단, 무리

공부 **그룹**
요즘 인기 많은 걸girl 그룹

0134 **happening** [hǽpniŋ]

명 우발 사건, 우연히 일어난 일

만우절 **해프닝**, 웃지 못할 해프닝

happen 동 발생하다, 우연히 ~하다

0135 **computer** [kəmpjúːtər]

명 컴퓨터

최신 **컴퓨터** & 구형 컴퓨터

0136 **project** [prάdʒekt]

명 연구과제, 사업

화성 탐사 **프로젝트**
프로젝트 규모가 엄청 크네요.

0137 **jet** [dʒet]

형 제트기의 명 분출

비행기 **제트** 엔진
(해양 스포츠) 제트 스키

0138 **letter** [létər]

명 편지, 글자

러브 **레터** – 사랑의 편지

⊕ **letter box** 명 우편함, 우체통

0139 **head** [hed]

명 머리, 우두머리

헤드폰headphone

(축구) **헤**딩 – 머리로 골 넣기

0140 **line** [lain]

명 선, 라인

(육상 경기) 골**라인** – 달리기 도착 지점에 그어놓은 선

● 국내 프로야구 & 프로축구 구단으로 익히는 영단어

0141 **bear** [bɛər]

명 곰

(야구) 두산 **베어스** – 곰 구단

테디 베어 – 테디Teddy로 불리는 곰 인형

0142 **dinosaur** [dáinəsɔ̀:r]

명 공룡

(야구) NC **다이노스** – 공룡 구단

(영화) 다이노스 어드벤처 – 공룡 모험

0143 **eagle** [í:gl]

명 독수리

(야구) 한화 **이글스** – 독수리 구단

블랙 이글 – 대한민국 공군 특수비행팀

0144 **giant** [dʒáiənt]

명 거인

(야구) 롯데 **자이언츠** – 거인 구단

(책) 10만 톤의 바다 거인, 자이언트호

0145 **hero** [híərou]

명 영웅, 주인공

(야구) 넥센 **히어로**즈 – 영웅 구단

오늘의 히어로 – 오늘의 영웅(주인공) ⊕ **heroine** 명 여주인공, 여걸

0146 **lion** [láiən]

명 사자

(야구) 삼성 **라이온**즈 – 사자 구단
(영화) 라이온 킹

0147 **tiger** [táigər]

명 호랑이

(야구) 기아 **타이거**즈 – 호랑이 구단
타이거 밤balm – 호랑이 연고, 태국의 타이거 주zoo – 호랑이 동물원

0148 **twin** [twin]

명 쌍둥이

(야구) LG **트윈**스 – 쌍둥이 구단

0149 **dragon** [drǽgən]

명 용

(축구) 전남 **드래곤**즈 – 용 구단
(만화) 드래곤볼 – 전 세계적으로 2억 부 이상 판매된 만화

0150 **steel** [sti:l]

명 강철

(축구) 포항 **스틸**러스
– 강철 구단

DAY 05

I want to master many languages.

저는 많은 언어를 마스터하고 싶어요.

0151 **collection** [kəlékʃən]

명 전시장, 수집, 모음

현대 미술 **컬렉션**

우표 컬렉션

0152 **language** [lǽŋgwidʒ]

명 언어, 말

랭귀지 스쿨 – 언어를 가르치는 학교

바디랭귀지 – 몸짓언어

0153 **slang** [slæŋ]

명 속어, 슬랭

미국인이 많이 쓰는 **슬랭**

슬랭 영어

0154 **tight** [tait]

형 꼭 끼는, 팽팽한, 단단한

타이트한 밀착 패션

타이트한 옷을 입으면 몸이 꼭 끼는 느낌이죠.

Day05.mp3 한 단어당 3번씩 반복하여 읽어 보세요.

목표 시간: 20분

걸린 시간: 분

0155 **loose** [lu:s]

형 느슨한, 헐거운

루스하고 느슨한 바지

게임이 **루스**하다 – 게임이 긴장감이 없고 느슨하다

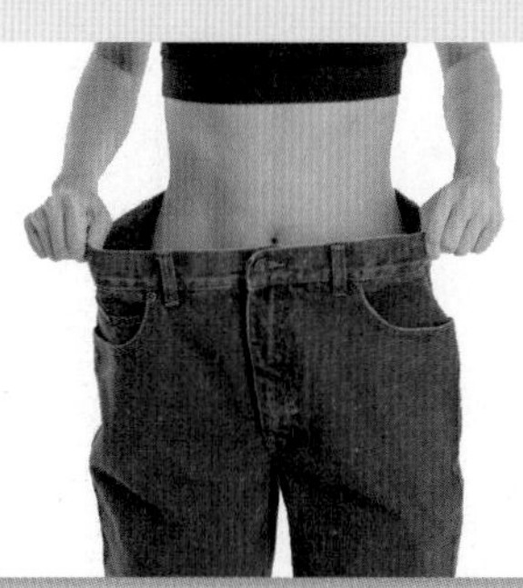

0156 **relax** [rilǽks]

동 편안하게 하다, 쉬다, 긴장을 풀다

릴렉스 체어 – 편안하게 쉬는 의자

완벽한 **릴렉스**

0157 **master** [mǽstər]

명 정통한 사람, 대가 동 숙달하다

완벽하게 **마스터**해라. – 완벽하게 숙달해라.

0158 **manicure** [mǽnəkjùər]

명 매니큐어, 손톱 손질

기분 전환으로 손톱에 **매니큐어** 해볼까요?

0159 **manager** [mǽnidʒər]

명 매니저, 관리자

연예인 **매니저**

이 매장의 매니저는 누구죠?

0160 **manner** [mǽnər]

명 예의, 태도, 매너

공공장소에서는 **매너** 있게 행동해야 해요.

0161 **medical** [médikəl]

형 의학의

메디컬 드라마 – 의학 드라마

메디컬 테스트 – 신체검사

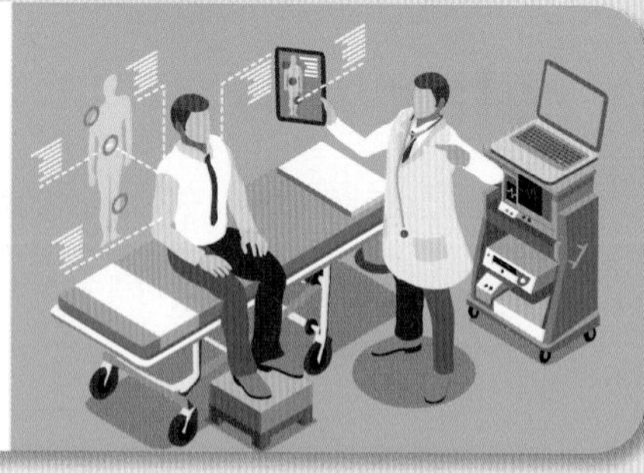

0162 **medium** [mí:diəm]

명 중간 형 중간의

피자 **미디엄** 사이즈

미디엄 단발 – 중간 길이 머리

Medium

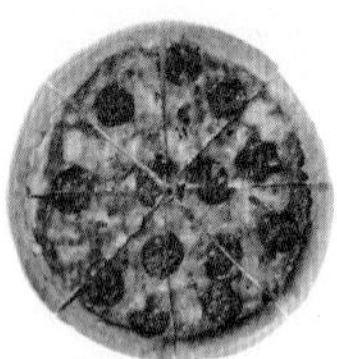
Large

0163 **middle** [mídl]

명 중앙 형 중간의

(권투) **미들**급 – 중간 정도 체중의 선수들의 체급

미들 스쿨 – 중학교

Lightweight

Middleweight

Heavyweight

0164 **speed** [spi:d]

명 속도

스피드가 무척 빠르네요.

스피드웨이 – 경주용 도로

스피드건 – 움직이는 물체의 속도를 측정하는 기구

0165 **gun** [gʌn]

명 총

스피드**건**은 권총 모양으로 생겼어요.

0166 **micro** [máikrou]

형 아주 작은

마이크(로폰)microphone

– 마이크는 아주 작은 소리까지도 잡아내죠.

0167 **wave** [weiv]

명 물결, 파장, 곡선 모양의 머리칼

웨이브 파마

구불구불한 웨이브 머리

0168 **member** [mémbər]

명 회원, 소속원

멤버 가입

등산 멤버끼리 산에 올라가기로 했어요.

0169 **mentor** [méntɔ:r]

명 스승, 조언자

내 인생의 **멘토**

– 내 인생의 정신적 스승

0170 **meter** [mí:tər]

명 미터, 계량기

100**미터** 달리기

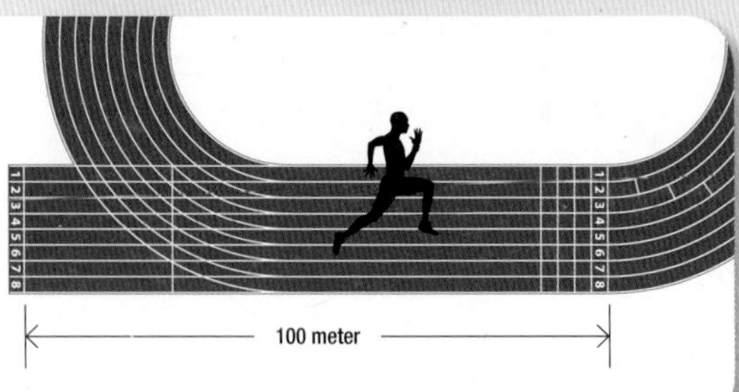

0171 **mini** [míni]

형 작은

미니스커트

0172 **minute** [mínit]

명 (시간 단위) 분, 잠깐

저스트 어 **미닛** just a minute – 잠시만요.

0173 **plus** [plʌs]

명 더하기

(수학) **플러스** & 마이너스 – 더하기 & 빼기

+ **minus** 명 마이너스, 빼기

0174
missile [mísəl, mísail]

명 미사일

미사일 발사

군인들이 지키고 있는 미사일 기지

0175
model [mɑ́dl]

명 모델, 본보기

롤**모델**role model – 본보기가 되는 대상

슈퍼 모델

0176
mountain [máuntən]

명 산

(음료 상표) **마운틴** 듀 – 산 이슬

호주의 블루마운틴 산악지대는 멀리서 보면 푸른색으로 보인다고 해요.

0177
father [fɑ́:ðər]

명 아버지

아임 유어 **파더**I'm your father – '내가 네 아빠다'

– 영화 〈스타워즈〉의 유명한 대사 아세요? ⊕ **dad** 명 아빠(= daddy)

0178
mother [mʌ́ðər]

명 어머니

파더 & **마더** – 아버지 & 어머니

마더 테레사 – 인류의 어머니로 추앙 받는 수녀

⊕ **mom** 명 엄마(= mommy)

0179 **motion** [móuʃən]

명 움직임, 동작, 모션

슬로 **모션** – 느린 움직임

모션을 크게 해야 잘 볼 수 있지요.

0180 **mobile** [móubəl]

명 휴대전화 형 이동하는

신나는 **모바일** 게임

0181 **multi** [mʌ́lti]

형 다양한, 다수의

멀티미디어multimedia 시대

다양한 능력을 갖춘 멀티플레이어multiplayer

0182 **Internet** [íntə:rnet]

명 인터넷

인터넷 게임, 인터넷 연결

0183 **notebook** [nóutbùk]

명 공책

문방구에서 **노트북**을 샀어요.

+ **note** 명 메모 동 메모하다

0184 **know** [nou]

동 알다

나만의 **노**하우(=know-how)

– 나만 아는 방법

0185 **announce** [ənáuns]

동 알리다, 공표하다

아나운서announcer

– 뉴스를 알리는 사람

0186 **spell** [spel]

Aa
Aa Aa Aa
Apple Apple

동 철자를 쓰다

영어 단어 **스펠링** 게임

영어 스펠링을 정확히 쓰세요.

0187 **alphabet** [ǽlfəbèt]

명 알파벳, 문자

영어 **알파벳**에는 a, b, c, d, e 등이 있지요.

0188 **phone** [foun]

명 전화 동 전화를 걸다

셀**폰** – 휴대전화

+ **telephone** 명 전화 동 전화를 걸다

The tower is under renovation.

그 타워는 수리 중이에요.

0189

renovation [rènəvéiʃən]

명 개선, 수리

건물 **리노베이션** 공사

0190

peanut [píːnʌt]

명 땅콩

땅콩으로 만든 **피넛**버터

피넛버터 쿠키 ⊕ **nut** 명 견과

0191

nurse [nəːrs]

명 간호사, 유모

너스 콜nurse call

– 병원에서 환자가 간호사를 부를 수 있게 설치한 벨

0192

pace [peis]

명 걸음걸이, 속도

너의 **페이스**를 유지해.

오버 페이스 하지 마. – 과속하지 마.

Day06.mp3 한 단어당 3번씩 반복하여 읽어 보세요.

목표 시간: 20분

걸린 시간: 분

0193

pedal [pédl]

명 페달, 발판

자전거 **페달**

0194

propeller [prəpélər]

명 프로펠러, 추진기

잠수함 **프로펠러**

항공모함 프로펠러는 엄청 커요.

0195

suit [su:t]

명 양복, 정장, 옷 한 벌

(의류) **슈트** – 정장

패션의 완성은 슈트

0196

part [pa:rt]

명 부분, 일부

파트타임 – 시간제 일자리

0197

party [pɑ́:rti]

명 파티, 모임

생일 **파티**

정원에서 열리는 가든파티

0198

implant [implǽnt]

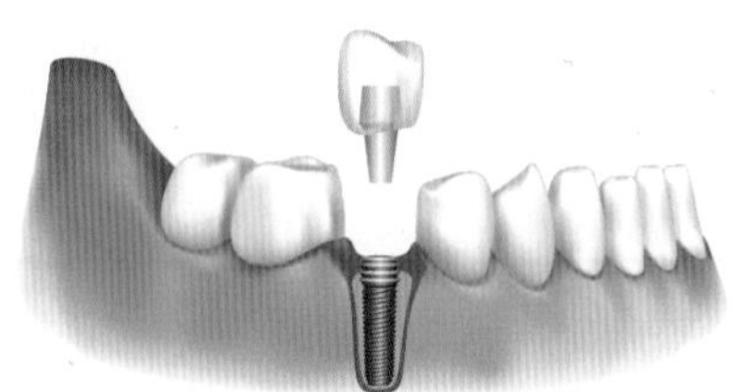

동 심다, 이식하다

(치과) **임플란트** – 치아 이식

⊕ **plant** 명 식물 동 심다

0199

platform [plǽtfɔ:rm]

명 승강장, 연단

지하철 **플랫폼**에 열차가 도착했어요.

0200

plate [pleit]

명 판, 접시

(야구) 홈**플레이트** – 홈에 있는 작은 판

(레스토랑) 플레이트 서비스 – 웨이터가 접시를 나르는 서비스

0201

bowl [boul]

명 사발, 주발, 볼링

볼링bowling공은 사발처럼 생겼죠.

0202 **place** [pleis]

명 장소 동 두다

핫**플레이스** – 인기가 많은 장소

0203 **tower** [táuər]

명 탑

서울 **타워**(남산 타워)에 올라가면
서울의 야경이 보여요.

0204 **palace** [pǽlis]

명 궁전

궁전처럼 화려한 대저택을
팰리스라고도 해요.

0205 **point** [pɔint]

명 포인트, 점

(스포츠 경기) **포인트**를 올리다 – 득점을 하다

0206 **pose** [pouz]

명 포즈, 자세 동 자세를 취하다

포즈가 멋지군요.
포즈를 잘 잡아봐.

0207 **propose** [prəpóuz]

동 청혼하다, 제안하다

프러포즈 이벤트 – 청혼 이벤트

로맨틱 프러포즈 – 낭만적인 청혼

0208 **position** [pəzíʃən]

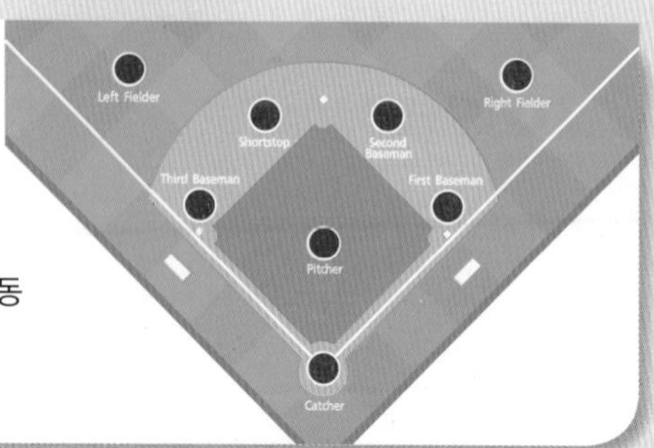

명 위치, 지위

(야구) 내야수 **포지션** 변동 – 내야수 위치 변동

0209 **support** [səpɔ́:rt]

명 지원 동 후원하다

확실한 **서포트**

선수들의 사기를 북돋우기 위해 응원하는 서포터supporter

0210 **air** [ɛər]

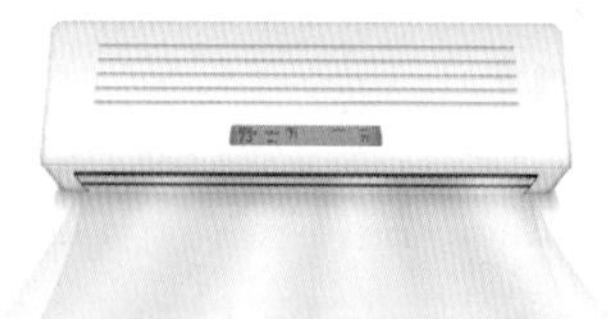

명 공기, 공중

에어컨 – 시원한 공기가 나오는 기계

(자동차) 에어백 – 공기가 들어있는 백

0211 **airport** [éərpɔ̀:rt]

명 공항

인천 **에어포트** – 인천 공항

에어포트 리무진 – 공항 리무진 버스

0212 **airplane** [έərplèin]

명 비행기

(휴대전화) **에어플레인** 모드mode

– 비행기 탑승 시 휴대전화 통신을 중단시키는 기능

0213 **porter** [pɔ́:rtər]

명 운반인, 짐꾼

(자동차) **포터** 트럭은

'짐꾼'이라는 뜻이죠.

0214 **post** [poust]

동 올리다, 게시하다 명 기둥

블로그에 사진을 **포스팅**하다(올리다)

(축구) 골포스트 – 골대

0215 **print** [print]

명 프린트, 인쇄 동 인쇄하다

나눠드린 **프린트**를 보세요.

프린터printer가 고장 났어요.

0216 **express** [iksprés]

명 급행열차 형 고속의

익스프레스 버스 터미널 – 고속버스 터미널

고속버스 회사 이름에 익스프레스라는 표현을 많이 써요.

0217 **prince** [prins]

명 왕자

프린스 윌리엄 – (영국의) 윌리엄 왕자

⊕ **princess** 명 공주, 프린세스

0218 **pal** [pæl]

명 친구, 동료

펜**팔** – 펜으로 사귀는 친구(= 편지를 주고받는 친구)

0219 **rice** [rais]

명 쌀

카레**라이스**

오므라이스

0220 **price** [prais]

명 가격, 물가

프라이스 태그price tag – 가격표

0221 **ray** [rei]

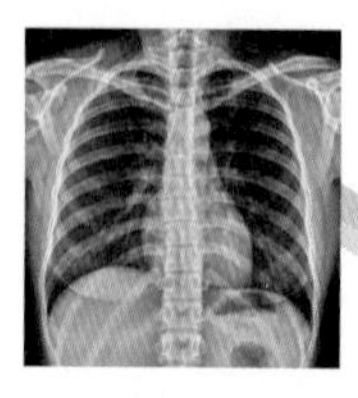

명 빛, 광선

엑스**레이**X-ray

0222 **rebound** 명 [ríːbàund] 동 [ribáund]

명 리바운드 동 다시 튀다

(농구) **리바운드** – 공이 다시 튀어나옴

0223 **mind** [maind]

명 정신, 마음 동 유의하다

마인드가 중요해요. – 정신 자세가 중요해요.

마인드 컨트롤

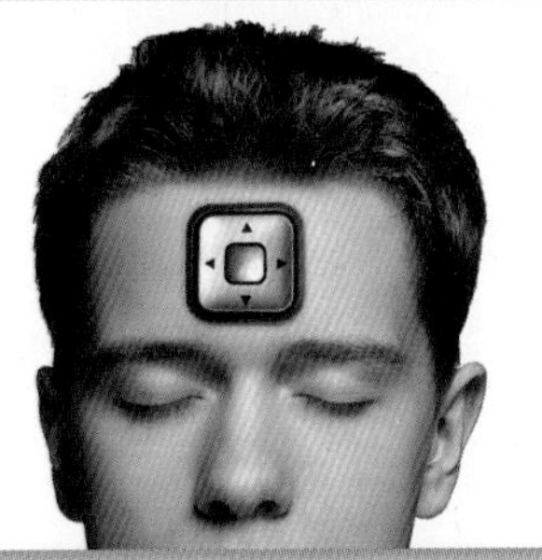

0224 **wind** [wind]

명 바람

(해양 스포츠) **윈드**서핑 – 바람을 이용한 파도타기

⊕ **surfing** 명 서핑, 파도타기

0225 **turn** [təːrn]

동 돌다, 돌리다 명 돌리기

(도로) 유**턴**U-turn – U자 형태로 돌기

0226 **return** [ritə́ːrn]

동 돌아가다, 돌아오다 명 되받아치기

리턴 티켓 – 왕복표(돌아오는 티켓)

(탁구) 리턴 – 되받아치기

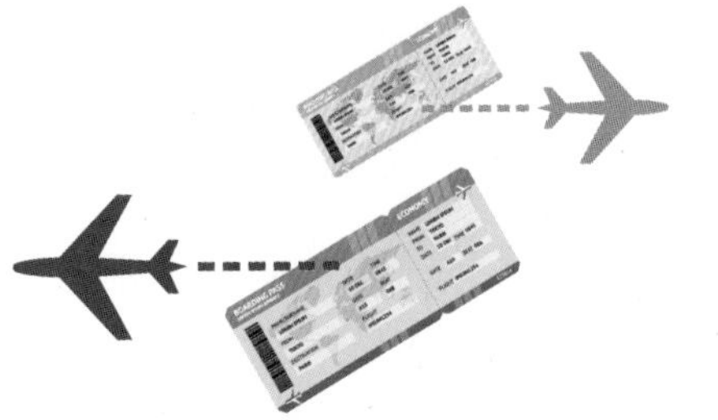

DAY 07

Let's go skydiving this Saturday!

이번 토요일에 스카이다이빙하러 가요!

0227 **red** [red]

명 빨강, 빨간색 형 빨간, 붉은

(축구) **레드**카드 – 빨간색 퇴장 카드

레드 망고 – 빨간 망고

0228 **science** [sáiəns]

명 과학

(잡지) **사이언스** – 미국과학진흥협회에서 만드는 잡지

사이언스 파크 – 과학 공원, 사이언스 데이 – 과학의 날

0229 **sky** [skai]

명 하늘

스카이다이빙 – 하늘에서 뛰어내리는 스포츠

스카이라운지 – 고층 건물의 꼭대기에 있는 휴게실

0230 **sure** [ʃuər]

형 확실한, 안전한

'확실해?' 대신에 '아유**슈어**?Are you sure?'
라고 말해 보세요.

Day07.mp3 한 단어당 3번씩 반복하여 읽어 보세요.

목표 시간: 20분

걸린 시간: 분

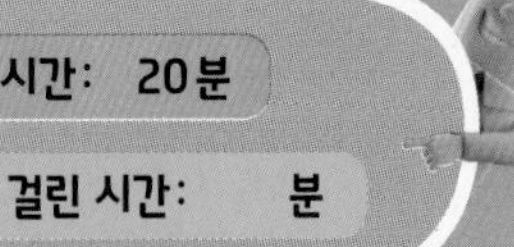

0231 **sense** [sens]

명 센스, 감각

센스 있는 사람 – 어떤 일에 감각이 뛰어난 사람

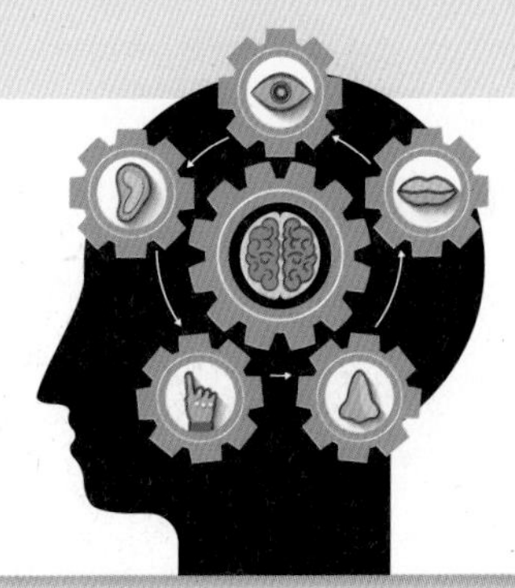

0232 **second** [sékənd]

명 두 번째 형 둘째의

산을 오를 때 두 번째로 오르는 사람을 **세컨드**라고 해요.

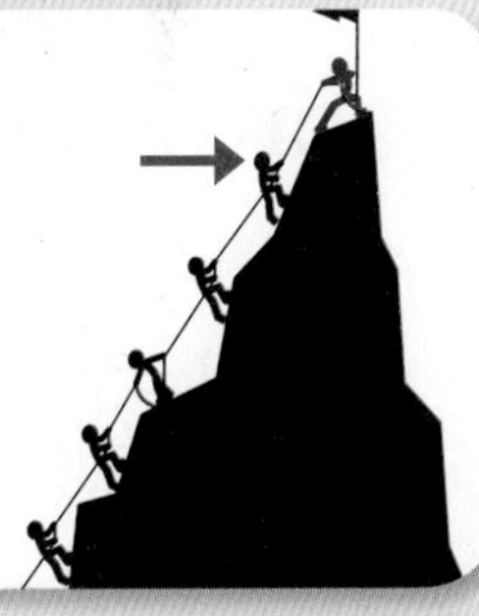

0233 **third** [θəːrd]

명 세 번째 형 제3의, 세 번째의

퍼스트 & 세컨드 & **써드** – 첫째&둘째&셋째
야구에서 3루수를 써드라고 합니다.

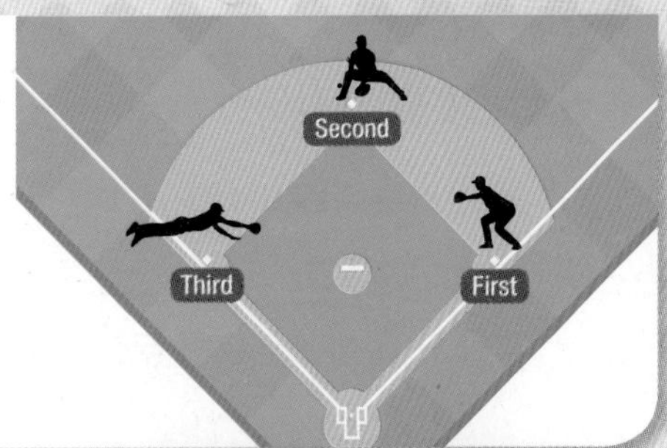

0234 **sad** [sæd]

형 슬픈

새드 무비 – 슬픈 영화

0235 **sign** [sain]

명 신호 동 서명하다

사인을 보내다 – 신호를 보내다

사인펜 – 서명하는 펜

0236 **design** [dizáin]

명 디자인, 도안, 설계

세련된 **디자인**

디자이너designer가 되는 게 꿈이에요.

0237 **scratch** [skrætʃ]

명 긁은 자국 동 긁다, 할퀴다

고양이 **스크래치** – 고양이가 긁은 자국

스크래치 가구 – 흠집 있는 가구, 스크래치 북

0238 **scarf** [ska:rf]

명 스카프, 목도리

패션 **스카프**

추울 땐 목에 스카프를 두르세요.

0239 **secret** [sí:krit]

명 비밀 형 비밀의

탑 **시크릿** – 일급비밀

시크릿 가든 – 비밀의 정원

0240 **fax** [fæks]

명 팩스, 팩시밀리(=facsimile)

전화하지 말고 **팩스**를 보내주세요.

0241 **simple** [símpl]

형 단순한, 심플한

심플하다 – 단순하다
심플한 시계, 심플한 디자인

0242 **single** [síŋgl]

형 단 하나의, 혼자의, 독신의

싱글족 – 결혼하지 않고 혼자 사는 사람
싱글 베드 – 혼자 사용하는 침대

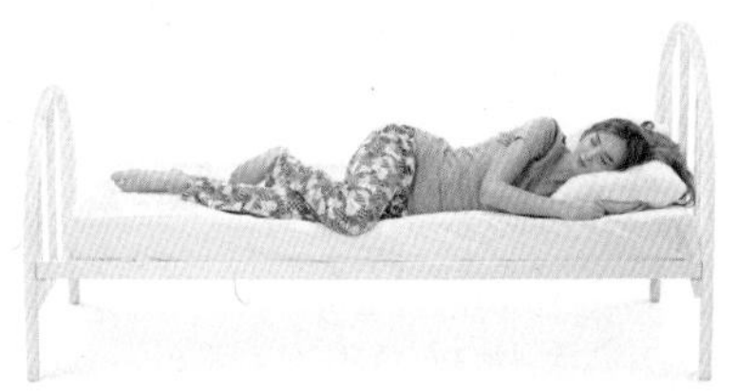

0243 **sample** [sǽmpl]

명 샘플, 견본

샘플을 보내 주세요.
샘플 화장품

0244 **assist** [əsíst]

동 돕다, 원조하다 명 원조

어시스트하다 – 도와주다
(축구) 어시스트 – 다른 선수에게 공을 패스해서 득점을 돕는 것

0245 **land** [lænd]

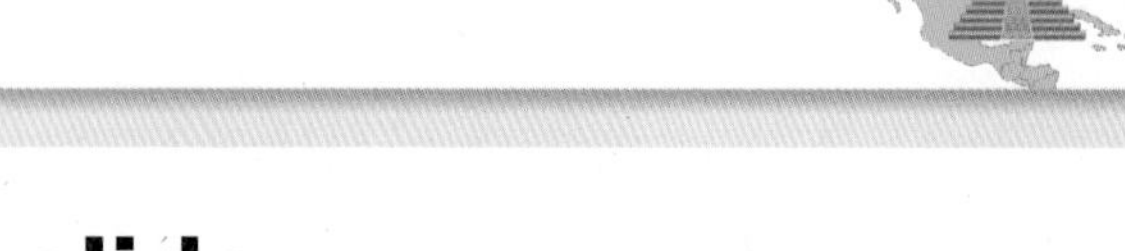

명 땅, 육지, 지역

랜드 마크 – 특정 지역을 대표하는 시설이나 건축물
에버랜드, 디즈니랜드

0246 **slide** [slaid]

동 미끄러지다 명 미끄럼

워터 **슬라이드** – 물놀이 공원의 미끄럼 시설
슬라이딩 도어 – 미끄러지듯이 옆으로 열리는 문

0247 **slipper** [slípər]

명 슬리퍼, 실내화

화장실 **슬리퍼**
미끄럼 방지 슬리퍼

0248 **solo** [sóulou]

명 솔로 형 단독의 부 혼자서

혼자 노래 부르는 **솔로** 가수
솔로 연주

0249 **soldier** [sóuldʒər]

명 군인

솔저룩 – 군인처럼 보이는 옷
토이 솔저 – 장난감 병정

0250 **solution** [səlú:ʃən]

명 해결책

키 성장 **솔루션**

솔루션을 제시하다 – 해결책을 제시하다

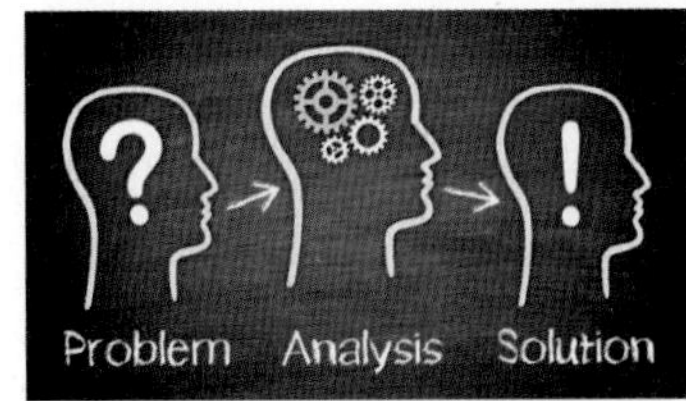

0251 **spy** [spai]

명 스파이, 간첩

산업 **스파이**

스파이는 신고해야 해요.

0252 **spider** [spáidər]

명 거미

거미처럼 벽을 기어오르는 능력을 지닌 **스파이더**맨

DAY 07

0253 **sprinkle** [spríŋkl]

동 뿌리다

잔디 **스프링클러** sprinkler – 잔디 물뿌리개

화재 스프링클러

0254 **spray** [sprei]

명 스프레이, 분무기

헤어 **스프레이**

워터 스프레이 – 물 분무기

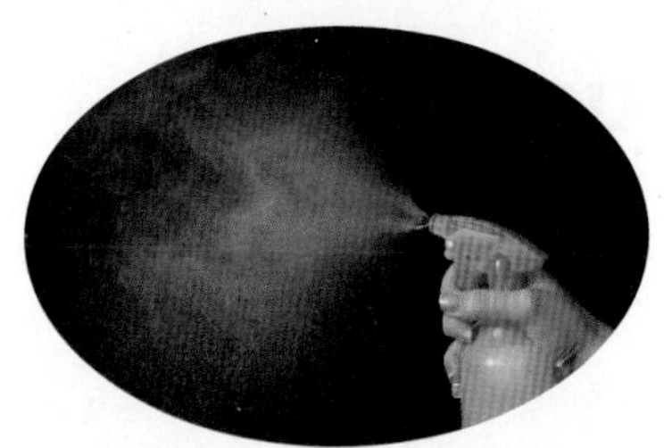

0255

wide [waid]

형 넓은

와이드 TV – 넓은 화면의 TV

★ 요일 정리 Day of the Week

0256

Sunday [sʌ́ndei]

명 일요일

〈해피 **선데이**〉 – 일요일에 방영하는 유명 예능 프로그램

⊕ **sun** 명 태양

0257

Monday [mʌ́ndei]

명 월요일

블루 **먼데이** – 달콤한 휴일이 끝나면 앓게 되는 '우울한 월요일'을 뜻해요.

⊕ **moon** 명 달

0258

Tuesday [tjú:zdei]

명 화요일

기빙 **튜즈데이** – 미국에서 시작한 글로벌 캠페인 중 하나로
추수감사절 다음 주 화요일은 나눔을 실천하는 날

0259

Wednesday [wénzdei]

명 수요일

부활절 전전 수요일을
스파이 **웬즈데이**라고 한다죠.

0260

Thursday [θə́:rzdei]

명 목요일

해피 **써스데이**!

– 행복한 목요일 보내세요! (곧 주말이에요.)

0261

Friday [fráidei]

명 금요일

블랙 **프라이데이** 세일

– 추수감사절 다음 금요일에 벌어지는 대대적인 세일 행사

Thank God! It's Friday! (= TGIF) – 야, 금요일이다!

0262

Saturday [sǽtərdei]

명 토요일

(미국) 슈퍼 **새터데이**

– 크리스마스 직전 토요일로 블랙 프라이데이와
더불어 큰 세일 기간으로 알려져 있어요.

Where is the subway station?

지하철역은 어디인가요?

0263 **stadium** [stéidiəm]

명 스타디움, 경기장

잠실 **스타디움**에서 야구 시합이 있어요.
(뉴욕) 양키 스타디움

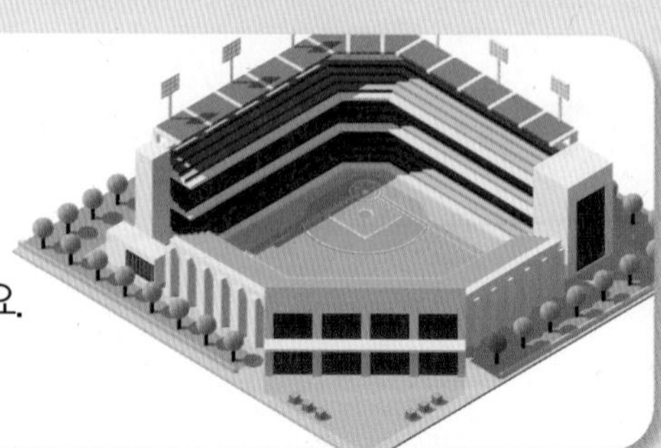

0264 **stand** [stænd]

동 서다

침실 **스탠드** – 침실에 세워 놓은 조명, 스탠드 거울

⊕ **understand** 동 이해하다

어떤 상황 아래에under 서보면stand 그 상황을 제대로 이해하겠죠?

0265 **station** [stéiʃən]

명 역, 정거장

서울 **스테이션** – 서울역
가스 스테이션 – 주유소

0266 **standard** [stǽndərd]

명 표준 형 표준의

글로벌 **스탠더드** – 세계 표준
코리안 스탠더드 – 한국 표준

 Day08.mp3 한 단어당 3번씩 반복하여 읽어 보세요.

 목표 시간: 20분

 걸린 시간: 분

 0267

instant [ínstənt]

형 즉석의, 즉각의 명 순간, 즉시

인스턴트식품

 0268

lip [lip]

명 입술

립싱크 가수

– 노래를 부르지 않고 입술로 흉내만 내는 가수

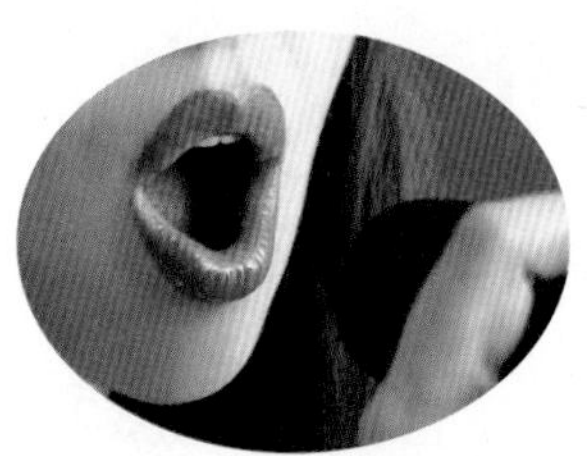

 0269

stick [stik]

명 막대, 스틱

립**스틱** – 입술에 바르는 막대 모양의 화장품

맛있는 치즈 스틱

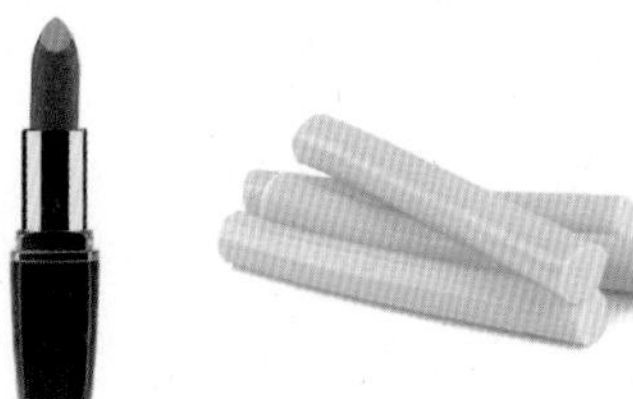

 0270

stretch [stretʃ]

동 늘이다, 몸을 쭉 펴다

스트레칭 운동 – 몸을 쭉 펴는 운동

하체 스트레칭, 스트레칭 다이어트

0271
straight [streit]

명 스트레이트, 직선 형 곧은 부 똑바로

(권투) **스트레이트** – 주먹을 똑바로 뻗어서 치는 것

0272
agent [éidʒənt]

명 중개인, 대리인

스포츠 **에이전트**
부동산 에이전트

0273
meet [mi:t]

동 만나다

팬 **미팅**meeting에서
연예인을 만나면 신나겠죠?

0274
street [stri:t]

명 길, 도로

(게임) **스트리트** 파이터 – 길거리 싸움꾼
스트리트 패션 – 길거리 패션
(관광지) 워킹 스트리트 – 걸어 다니며 즐길 수 있는 거리

0275
fight [fait]

동 싸우다

(스포츠) **파이트**머니 – 경기의 보수, 대전료
(참고로 '파이팅 – 힘내'는 잘못된 표현이며
'Cheer up – 치어 업'이 올바른 표현)

0276 **steam** [stiːm]

명 증기, 스팀

스팀 청소기
스팀 세차, 스팀 모공팩

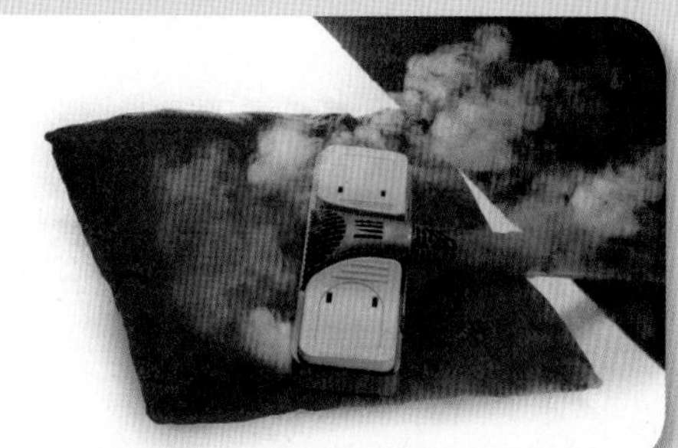

0277 **subway** [sʌ́bwèi]

명 지하철, 지하도

서브웨이 샌드위치는
지하철처럼 길쭉한 모양이죠.

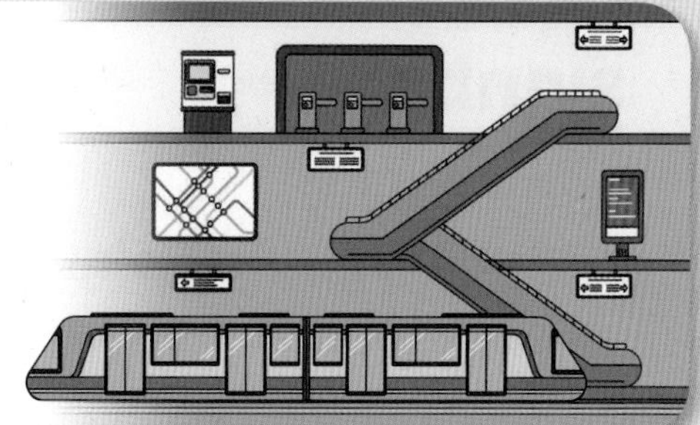

0278 **marine** [məríːn]

형 바다의, 해양의

바다의 왕자 **마린**보이

0279 **superman** [súːpərmæ̀n]

명 슈퍼맨, 초인

슈퍼맨은 못 하는 게 없어요.
슈퍼맨 vs. 원더우먼

0280 **sugar** [ʃúgər]

명 설탕

브라운 **슈거** – 갈색 설탕

0281 **round** [raund]

형 둥근, 왕복의

라운드 티셔츠 – 옷깃이 둥근 티셔츠
라운드 테이블, (교통) 라운드 티켓 – 왕복 티켓

0282 **symbol** [símbəl]

명 상징, 심볼

십자가는 기독교의 **심볼**이지요.
올림픽 심볼 오륜기, 청춘의 심볼 여드름

0283 **contact** [kάntækt]

명 접촉 동 접촉하다

콘택트렌즈 – 눈과 접촉하는 렌즈

0284 **container** [kəntéinər]

명 컨테이너, 통

화물을 실은 **컨테이너**

0285 **tent** [tent]

명 텐트, 천막

야영 **텐트**
텐트를 치다

0286 **terminal** [tə́:rmənl]

명 종점, 끝 형 끝의

버스 **터미널**

KTX 도심공항터미널

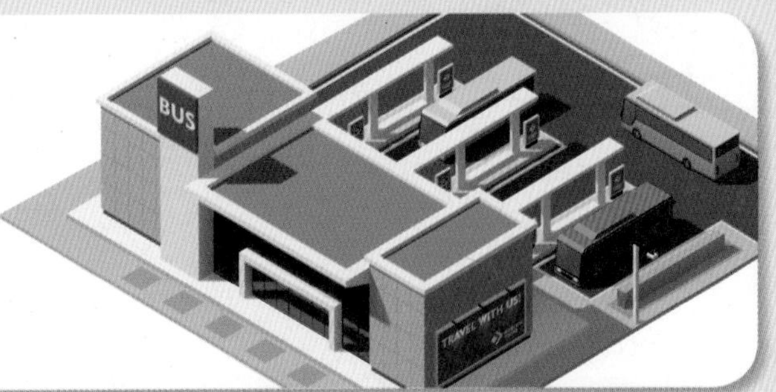

0287 **terrible** [térəbl]

형 무서운, 끔찍한

테러블하다 – 끔찍하다

+ **terror** 명 테러, 두려움

0288 **test** [test]

명 테스트, 시험, 실험

마이크 **테스트**

지난 시간에 배운 것을 **테스트**하겠습니다.

0289 **contest** [kάntest]

명 콘테스트, 시합, 경쟁

댄스 **콘테스트**

가족사진 **콘테스트**

0290 **twist** [twist]

동 꼬다, 비틀다

트위스트 춤 – 온몸을 비틀며 추는 춤

(운동기구) **트위스트**, (음식) **트위스트** – 꽈배기

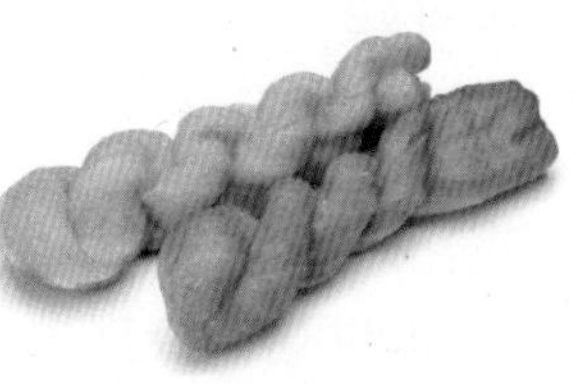

DAY 08

0291 **tractor** [trǽktər]

명 트랙터, 견인차

농업용 **트랙터**

– 무거운 짐이나 농기계를 끄는 특수 자동차

0292 **trio** [tríːou]

명 트리오, 3중주

(음악) **트리오** – 세 가지의 악기로 연주되는 삼중주 또는 세 사람이 노래하는 삼중창

0293 **triangle** [tráiæŋgl]

명 삼각형

(악기) **트라이앵글** – 삼각형 모양의 타악기

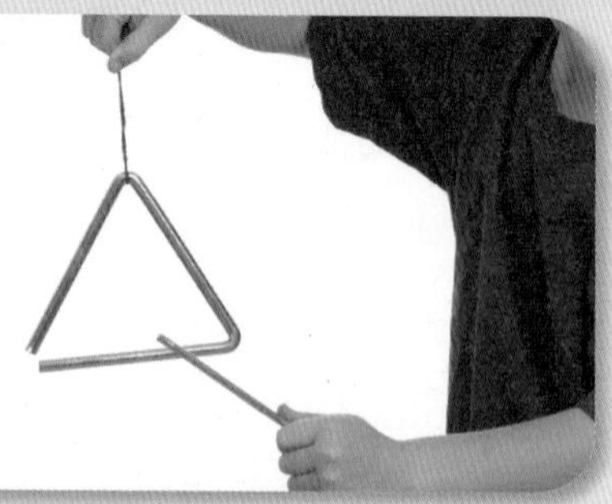

0294 **universe** [júːnəvə̀ːrs]

명 우주, 만물

광활하고 신비로운 **유니버스**

0295 **event** [ivént]

명 행사, 사건

경품 **이벤트**

가정의 달 이벤트, 깜짝 이벤트

0296 **venture** [véntʃər]

명 모험 동 모험하다

벤처 기업

– 모험을 두려워하지 않는 진취적인 기업

0297 **adventure** [ædvéntʃər]

명 모험

롯데월드 **어드벤처**

– 모험이 가득한 놀이공원

0298 **poster** [póustər]

명 포스터

화재 예방 **포스터**

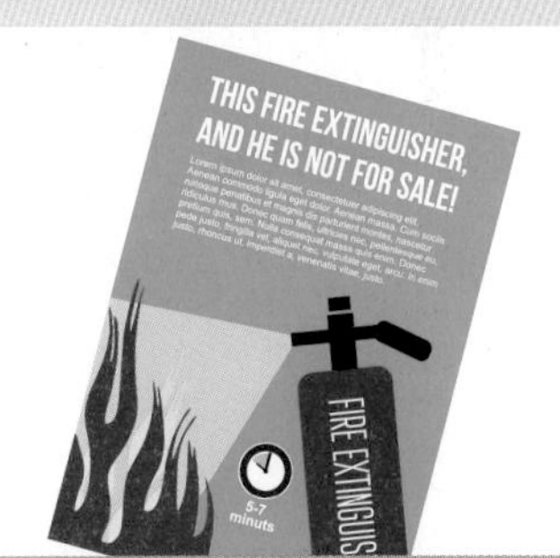

0299 **video** [vídiòu]

명 비디오

비디오카메라

뮤직 비디오

0300 **advice** [ædváis]

명 조언, 충고

뷰티 **어드바이스** – 미용에 대한 조언

공부 어드바이스

Please turn down the volume.

볼륨을 줄여주세요.

0301 **television** [téləvìʒən]

명 텔레비전(TV)

텔레비전 방송국

텔레비전 화면이 흐릿해요.

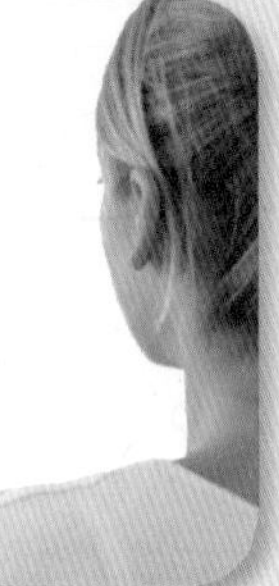

0302 **interview** [íntərvjù:]

명 인터뷰, 면담 동 면접하다

영어 **인터뷰**

유명인 인터뷰

0303 **victory** [víktəri]

명 승리

(구호) 힘내자! **빅토리**!

빅토리 데이 – 세계 제2차대전에서 연합군이 승리한 날

0304 **vitamin** [váitəmin]

명 비타민

몸에 좋은 **비타민** C

과일에는 비타민이 많이 들어 있어요.

 Day09.mp3 한 단어당 3번씩 반복하여 읽어 보세요.

 목표 시간: 20분

 걸린 시간: 분

0305 **survival** [sərváivəl]

명 생존(죽지 않고 살아 있음)

서바이벌 게임 – 모의 전쟁놀이 게임

0306 **voice** [vɔis]

명 목소리

허스키 **보이스** – 허스키한 목소리

보이스피싱 – 목소리를 이용한 전화 사기 수법

0307 **volume** [válju:m]

명 소리, 부피, 양

스피커 **볼륨**을 높이다 – 스피커 소리를 크게 하다

볼륨이 크다 – 부피가 크다

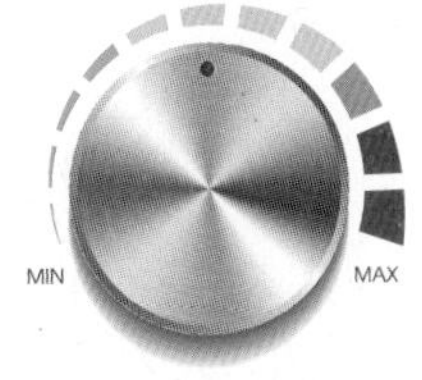

0308 **excuse** 명 [ikskjú:s] 동 [ikskjú:z]

명 용서, 변명 동 용서하다

익스큐즈미excuse me

– 실례합니다.(실례했다면 용서해 주세요.)

0309

hospital [hάspitl]

명 병원

제너럴 **호스피탈** – 종합병원
나이트 **호스피탈** – 야간진료 전문병원

0310

pound [paund]

명 파운드(무게 단위) 동 세게 치다

몸무게가 몇 **파운드** 나가세요?

0311

accelerate [æksélərèit]

동 속도를 더하다, 촉진하다

(자동차) **액셀러레이터**accelerator
– 속력을 내는 장치

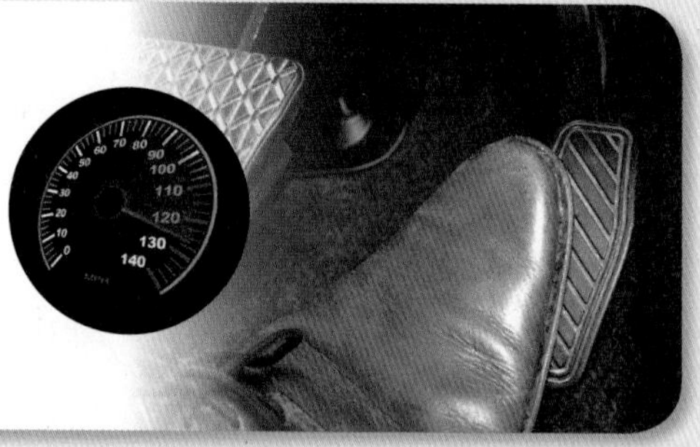

0312

jam [dʒæm]

명 잼 동 채워 넣다

딸기**잼**
사과잼 만들기

0313

jar [dʒaːr]

명 병, 단지, 항아리

잼jam을 보관하는 **병**jar

0314

train [trein]

명 기차

(캐나다 밴쿠버) 스카이 **트레인**
로봇 트레인과 함께 떠나는 기차 여행

0315

tree [triː]

명 나무

이번 크리스마스**트리**는 어떤 나무로 만들까요?

0316

free [friː]

형 자유로운, 무료의

(축구) **프리**킥
– 상대방 선수의 방해를 받지 않고 자유로운 상태에서 공을 차는 것
오늘 프리해. – 오늘 시간 많아.

0317

prison [prízn]

명 감옥

(영화) **프리즌** 브레이크 – 주인공이 감옥을 탈출하는 이야기
(이색 체험) 프리즌 스테이 – 감옥에 머물기

0318

trouble [trʌbl]

명 문제 동 폐를 끼치다

트러블 메이커 – 문제를 일으키는 사람
피부에 트러블이 생겼어요.

0319

tour [tuər]

명 여행

시티 **투어**

0320

tube [tjuːb]

명 욕조, 물통, 텔레비전

베이비 **튜브** – 아기 욕조

유튜브youtube – 당신이 찍은 텔레비전(당신이 만든 동영상)

0321

tunnel [tʌnl]

명 터널, 굴, 지하도

터널 공사

컴컴한 터널을 통과합니다.

0322

turtle [tə́ːrtl]

명 거북이

(옷) 거북목 모양의 **터틀**넥 니트

(춘천 명소) 터틀랜드 – 거북이를 체험할 수 있는 곳

0323

very [véri]

부 아주, 매우

베리 굿Very good – 매우 좋다

+ **much** 형 많은 부 많이

0324 **violin** [vàiəlín]

명 바이올린

환상의 **바이올린** 연주

0325 **wagon** [wǽgən]

명 4륜 마차, 우마차(소나 말이 끄는 수레)

(자동차) **왜건** – 뒷자리에 짐을 실을 수 있는 승용차

스포츠 왜건

0326 **catch** [kætʃ]

동 잡다

(야구) **캐치** 볼 – 공을 잡는 것

맨손 캐치 – 맨손으로 공 잡기

0327 **cute** [kjuːt]

형 귀여운

큐트하다 – 귀엽다

큐트룩 – 귀엽게 보이는 옷차림

0328 **cushion** [kúʃən]

명 방석, 등 받침

이 방석은 **쿠션**이 좋네요.

등 쿠션 안마기, 푹신한 쿠션

0329

quick [kwik]

형 빠른, 신속한

오토바이 **퀵** 서비스

퀵 배달

0330

condition [kəndíʃən]

명 상태, 조건

컨디션이 좋다 – 몸 상태가 좋다

컨디션 조절

0331

fair [fɛər]

형 공정한 명 박람회, 전시회

페어플레이 – 공정한 플레이

북 페어 – 도서전

0332

chain [tʃein]

명 쇠사슬, 체인

자전거 **체인**

체인 교체

0333

again [əgén, əgéin]

부 다시

씨 유 **어게인**See you again – 또 봐요!

스마일 **어게인**Smile again – 다시 웃자

0334 **album** [ǽlbəm]

명 앨범, 사진첩

사진 **앨범**

추억의 졸업 앨범

0335 **zebra** [zíːbrə]

명 얼룩말

지브라 무늬 – 얼룩말 무늬

0336 **brain** [brein]

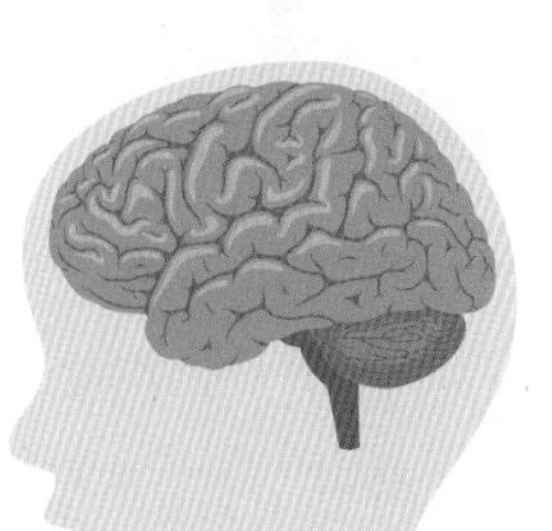

명 뇌

(상식) **브레인**스토밍

– 여러 사람이 회의를 통해 뇌를 활성화시켜 아이디어를 구상하는 방법

브레인 푸드 – 뇌에 좋은 음식

0337 **mask** [mæsk]

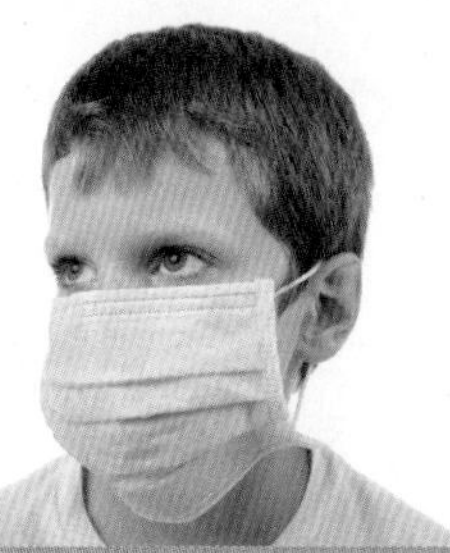

명 가면, 마스크

마스크를 착용하세요.

0338 **ask** [æsk]

명 질문하다, 묻다

질문할 때는 마스크mask를 벗고 **질문하세요**ask.

I love to watch volleyball games.

저는 배구 경기 보는 것을 좋아해요.

0339

sleep [sliːp]

명 잠 동 잠자다

슬리핑 카 – 잠자는 차(침대 차)

슬리핑 백 – 잠자는 주머니(침낭) ➕ **asleep** 형 잠이 든

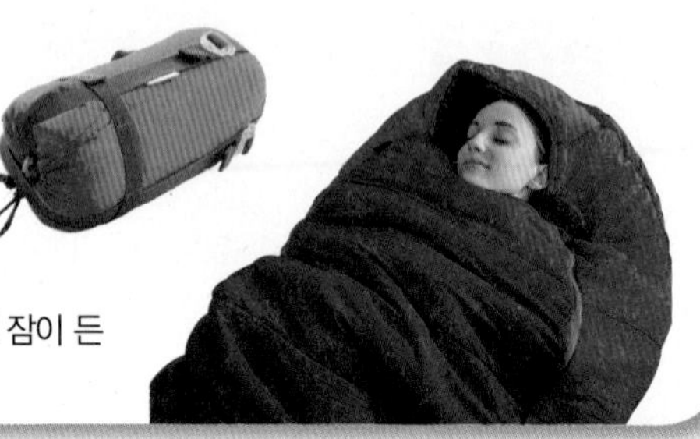

0340

all [ɔːl]

형 모든 대 모두 부 전부

올백 – 머리카락을 모두 뒤로 넘기는 것

올인all in – 모든 능력이나 가진 전부를 쏟아붓는 것

0341

total [tóutl]

명 전체, 전부, 총계

토털 케어 – 모든 것을 전부 관리해 준다는 의미

토털 서비스

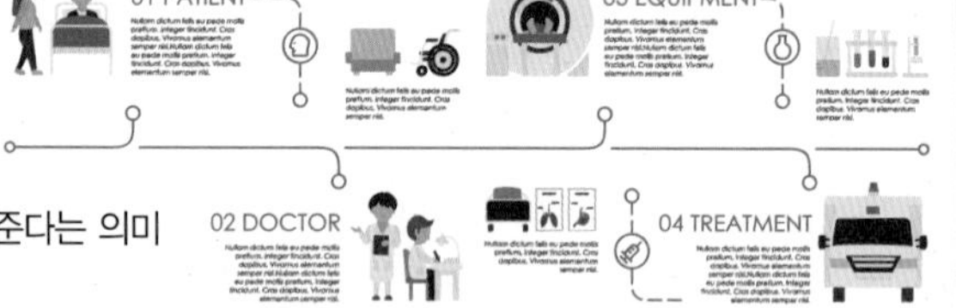

0342

care [kɛər]

명 돌봄, 주의 동 돌보다, 조심하다

스킨**케어** – 피부 관리(피부 돌보기)

홈 케어

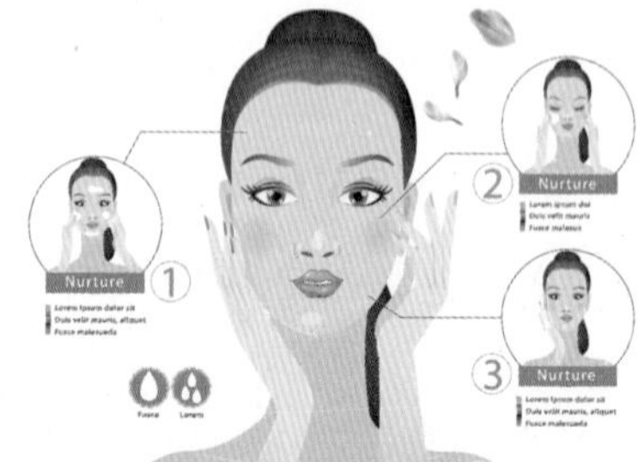

Day10.mp3 한 단어당 3번씩 반복하여 읽어 보세요.

목표 시간: 20분

걸린 시간: 분

0343 **margin** [mά:rdʒin]

명 판매 이익

물건을 팔면 남는 **마진**

0344 **ball** [bɔ:l]

명 공, 무도회

(축구) 마이 **볼**! – 내 공이야!

볼룸 댄스 – 무도회장에서 추는 사교춤

0345 **balloon** [bəlú:n]

명 풍선, 기구(氣球)

애드**벌룬** – 줄을 매달아 공중에 띄워 놓은 풍선 광고

벌룬 투어 – 열기구를 타고 떠나는 여행

벌룬 아트 – 풍선으로 꾸민 예술

0346 **volleyball** [vάlibɔ̀:l]

명 배구

비치**발리볼** – 해변beach에서 즐기는 배구

발리볼 경기

0347 **beach** [biːtʃ]

명 해변, 바닷가

비치타월 – 바닷가에서 이용하는 수건

비치파라솔beach parasol

0348 **towel** [táuəl]

명 타월, 수건

목욕 **타월**

0349 **kitchen** [kítʃən]

명 부엌, 주방

키친타월 – 주방용 수건

리빙 **키친** – 주방과 거실을 겸한 방

0350 **valley** [væli]

명 골짜기, 계곡

실리콘 **밸리** – 미국 산타클라라 계곡에 조성된 산업단지

강남의 테헤란 **밸리** – 고층 건물 사이가 마치 골짜기 같지요.

0351 **noodle** [núːdl]

명 누들, 국수

컵**누들** – 컵라면

0352 **sound** [saund]

명 소리, 음

사운드가 좋은 오디오

0353 **doughnut** [dóunət]

명 도넛

맛있는 **도넛**

(상표) 던킨도너츠

0354 **wear** [wɛər]

동 입다 명 의류

스포츠 **웨어**

언더웨어 – 속옷(겉옷 아래under에 입는 옷)

DAY 10

0355 **delivery** [dilívəri]

명 배달

24시간 **딜리버리** 서비스

피자 딜리버리

0356 **pair** [pɛər]

명 짝, 쌍, 한 켤레

원 **페어** – 한 쌍

0357
angle [ǽŋgl]

명 각, 각도

카메라 **앵글** – 카메라 각도
트라이앵글 – 삼각형

0358
ankle [ǽŋkl]

명 발목

앵클부츠 – 발목 부츠

0359
get [get]

동 얻다

(축구) 골**게터**
– 골을 넣어 점수를 얻는 선수(득점을 많이 하는 선수)

0360
target [tά:rgit]

명 목표, 목표물

목표가 확실한 **타깃** 광고

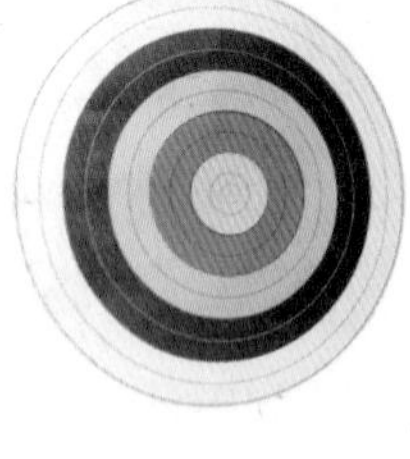

0361
together [təgéðər]

부 함께, 같이

투게더 아이스크림 – 함께 먹는 아이스크림
해피 투게더

0362 **and** [ənd, ən, nd]

접 그리고

로미오 **그리고** 줄리엣Romeo and Juliet

– 로미오와 줄리엣

0363 **or** [ɔːr, ər]

접 혹은, 또는

사과 **또는** 감자 apple or potato

0364 **ant** [ænt]

명 개미

앤트 하우스 – 개미 집

(영화) **앤트**맨 – 개미 캐릭터가 주인공

0365 **aunt** [ænt, aːnt]

명 고모, 이모

개미ant와 **고모**aunt는 철자가 비슷하죠?

어쩐지 개미처럼 가는 고모 허리

0366 **way** [wei]

명 길, 방법

하이**웨이** – 간선도로(지방의 주요도로)

노르웨이 – 북쪽north으로 가는 길

0367 **away** [əwéi]

부 멀리, 멀리 떨어져

(스포츠) **어웨이** 경기

– 원정 경기(멀리 떨어진 곳에서 펼쳐지는 경기)

0368 **home** [houm]

명 가정, 집

홈경기 – 팀이 소속되어 있는 지역의 경기장에서 벌이는 경기

홈워크[homework] – (집에서 하는) 숙제

0369 **spring** [spriŋ]

명 봄, 스프링, 용수철

(스포츠) **스프링** 캠프 – 봄에 실시하는 합숙 훈련

스프링 신발은 탄력이 좋아요.

0370 **summer** [sʌ́mər]

명 여름

서머 타임 – 여름철에 표준 시간보다 1시간 앞당기는 제도

서머 시즌

0371 **fall** [fɔ:l]

명 가을 동 떨어지다

야구장엔 공[ball]이 떨어지고,

가을엔 낙엽이 **떨어지죠**[fall].

0372 **winter** [wíntər]

명 겨울

원터 스쿨 – 겨울 방학에 임시로 열리는 학교

● 인칭 대명사 정리

0373 **I** 나

you 당신, 너

0374 **he** 그

she 그녀

0375 **we** 우리들

you 너희들

they 그들

DAY 11

Have a good weekend!

주말 잘 보내세요!

0376 **coach** [koutʃ]

명 코치, 감독

농구 **코치**
테니스 코치

0377 **menu** [ménju:]

명 메뉴, 품목

식당 음식 **메뉴**

0378 **size** [saiz]

명 크기

패밀리 **사이즈** 피자 – 가족용 크기의 피자
킹 사이즈 침대

0379 **music** [mjú:zik]

명 음악

뮤직 비디오
저는 클래식 뮤직을 좋아해요.

Day11.mp3 한 단어당 3번씩 반복하여 읽어 보세요.

목표 시간: 20분

걸린 시간: 분

0380 **end** [end]

명 종료, 끝

해피 **엔드** – 행복하게 끝나는 것

0381 **week** [wi:k]

명 주, 일주일

해피 **위크** – 행복한 일주일

⊕ **weekend** 명 주말

Week planner

MONDAY MON	TUESDAY TUE	WEDNESDAY WED	THURSDAY THU	FRIDAY FRI	SATURDAY SAT	SUNDAY SUN

0382 **Africa** [ǽfrikə]

명 아프리카

아프리카 코끼리

아프리카 사자

0383 **America** [əmérikə]

명 아메리카 대륙, 미국

아메리카 대륙을 발견한 콜럼버스

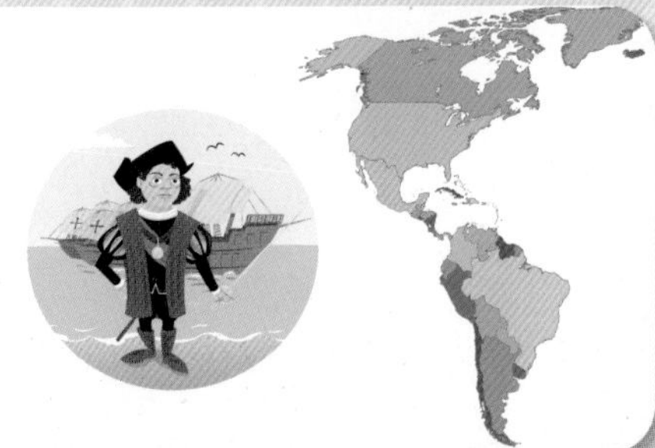

0384
black [blæk]

명 검정 형 검은

(천체) **블랙**홀 – 우주의 거대한 검은 구멍

블랙박스 – 비행기 또는 차량에 설치하여 운행 자료를 기록하는 장치

0385
study [stʌ́di]

명 공부 동 공부하다

스터디 그룹 – 공부 모임

⊕ **student** 명 학생

0386
stupid [stjúːpid]

형 어리석은

스튜피드한 사람 – 어리석은 사람

0387
ground [graund]

명 땅, 운동장

(스포츠) 홈**그라운드** – 해당 팀의 본거지에 있는 경기장

그라운드 제로 – 원자폭탄이 떨어진 장소

0388
orange [ɔ́ːrindʒ, ɑ́rindʒ]

명 오렌지

오렌지 주스

저는 귤보다 오렌지가 좋아요.

0389 **restaurant** [réstərənt]

명 레스토랑, 음식점

고급 **레스토랑**
레스토랑 음식 메뉴

0390 **river** [rívər]

명 강

강 근처에 있는 **리버** 타운
한강을 영어로는 한 리버Han River라고 하죠.

0391 **same** [seim]

형 같은

우리가 흔히 쓰는 '**쌤쌤**'이라는 표현이
영어의 same에서 나온 말이에요.

0392 **area** [ɛ́əriə]

명 지역, 구역

(축구) 골 **에어리어** – 골대 바로 앞에 있는 구역

0393 **hiking** [háikiŋ]

명 도보 여행, 하이킹

도보로 여행할 때는 **하이킹**화를 신으세요.

0394

like [laik]

동 좋아하다

(스마트폰 앱) 아이 **라이크** 캠핑I like camping

– 나는 캠핑을 좋아해요.

0395

zoo [zuː]

명 동물원

주주zoo-zoo 테마 동물원

(영화) 주토피아 – 주(동물원)와 유토피아(천국)가 합쳐진 말

0396

stone [stoun]

명 돌

스톤 아트 – 돌로 만든 예술

0397

spin [spin]

동 돌리다, 회전시키다 명 회전

(볼링) **스핀** – 공 회전

(운동) 스피닝spinning – 발로 자전거 바퀴를 돌려서 칼로리를 소모하는 운동

0398

attack [ətǽk]

명 공격 동 공격하다

(게임) 서든sudden **어택** – 갑작스런 공격

(배구) 백어택 – 뒤에서 공격하는 것

0399 **temple** [témpl]

명 절, 사원(寺院)

템플 스테이 – 사원에 체류하는 문화 체험

낙산사 템플 스테이

0400 **stay** [stei]

동 머무르다 명 체류

홈스테이 – 학교 근처의 가정집에서 체류하기

오버 스테이 – 허용된 기간을 넘겨서 머무르기

0401 **farm** [fa:rm]

명 농장 동 경작하다

팜 스테이 – 농장에서 체류하기

⊕ **farmer** 명 농부

0402 **item** [áitəm]

명 품목, 항목

인터넷 게임 아이템

0403 **dung** [dʌŋ]

명 똥

우리말 '똥'과 영어 '덩dung'은 발음까지 비슷하네요.

0404 **fly** [flai]

동 날다

(야구) 파울 **플라이** – 야구공이 파울 존(zone)으로 높게 날아가는 것

(권투) 플라이급 – 펄펄 날 만큼 가벼운 경량급

0405 **butterfly** [bʌ́tərflai]

명 나비, 접영

(싱가포르) **버터플라이** 가든 – 나비 정원

(수영) 버터플라이 – 접영 ⊕ **butter** 명 버터

0406 **sir** [sər, səːr]

명 선생님(남성에 대한 높임말), 님

옛 **써**Yes, sir – 예, 선생님

0407 **madam** [mǽdəm]

명 부인, 마님(=ma'am)

마담 퀴리 – 퀴리 부인

0408 **mile** [mail]

명 마일(=1.609km)

여기서 서울까지는 20**마일** 거리입니다.

0409 **east** [i:st]

명 동쪽

(미국) 백악관 동쪽 끝에 있는 **이스트** 룸

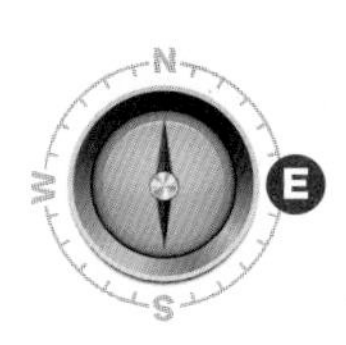

0410 **west** [west]

명 서쪽

(영국) **웨스트**민스터 대사원 – 궁전 서쪽에 위치한 대사원

(미국) 웨스트버지니아 주(州) – 버지니아 주(州) 서쪽에 있음

0411 **south** [sauθ]

명 남쪽

사우스 아프리카 – 남아프리카공화국

사우스 코리아 – 남한

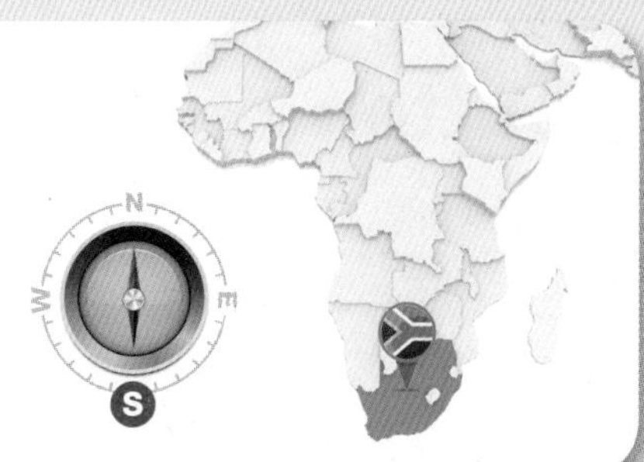

0412 **north** [nɔ:rθ]

명 북쪽

노스 코리아 – 북한

노르웨이 – 북쪽north으로 가는 길

0413 **money** [mʌ́ni]

명 돈

게임 **머니** – 게임에서 사용되는 돈(화폐)

티머니T-money – 돈 대신 사용하는 교통카드

DAY 12

The moon is over the ocean.

달이 바다 저편에 떠 있어요.

0414 **pan** [pæn]

명 납작한 냄비

프라이**팬** – 달걀 프라이 할 때 쓰는 납작한 냄비

0415 **button** [bʌtn]

명 버튼, 단추

버튼을 누르면 문이 열려요.

0416 **tone** [toun]

명 말투, 어조, 톤

부드러운 **톤**으로 말하세요.

하이톤 – 높은 목소리

0417 **ocean** [óuʃən]

명 대양(大洋), 바다

오세아니아 대륙 – 사방이 바다ocean, 오션로 둘러싸인, 호주가 속한 대륙

(경제 용어) 블루**오션** – 푸른 바다와 같이 아직 경쟁이 심하지 않은 새로운 사업분야

 Day12.mp3 한 단어당 3번씩 반복하여 읽어 보세요.

 목표 시간: 20분

 걸린 시간: 분

0418

moon [mu:n]

명 달

풀문full moon – 보름달

0419

honeymoon [hʌ́nimù:n]

명 허니문, 신혼여행

허니문 패키지 – 신혼여행 상품

0420

honey [hʌ́ni]

명 꿀, 연인, 아내, 자기

허니! – 자기야!

허니 버터칩

0421

month [mʌnθ]

명 월

초승달에서 그믐달에 이르기까지
달moon의 주기로 정한 것이 월month이지요.

0422

wedding [wédiŋ]

명 결혼, 웨딩

웨딩드레스
웨딩 촬영

0423

march [maːrtʃ]

명 행진 동 행진하다

웨딩 **마치** – 결혼 행진곡

0424

zone [zoun]

명 구역, 지대

스쿨**존**(학교 구역)입니다. 서행하세요.
(야구) 스트라이크 존 – 스트라이크로 인정되는 구역

0425

pumpkin [pʌ́mpkin, pʌŋkin]

명 호박

(미국 콜로라도 덴버) **펌프킨** 축제

0426

winner [wínər]

명 승리자, 우승자

오늘의 **위너** – 오늘의 승자
위너 vs. 루저 – 승자 vs. 패자 ➕ **win** 동 이기다

0427 **imitation** [ìmətéiʃən]

명 모방, 모조품

이미테이션 가방 – 명품을 모방하여 만든 가방
이미테이션 보석 – 모조 보석

0428 **shake** [ʃeik]

동 흔들다, 떨리다

딸기 **셰이크** – 딸기를 믹서기에 넣고 흔들고 갈아서 만든 것
밀크셰이크

0429 **wake** [weik]

동 깨우다, 잠을 깨다

웨이크 업Wake up! – 일어나!(엄마가 잠을 깨울 때 자주 쓰는 말)
(수상 스포츠) 웨이크보드 타면 잠이 확 깨겠죠?

0430 **owner** [óunər]

명 주인, 소유주

오너는 '주인'을 말하지요.
오너드라이버 – 자기 자동차를 직접 운전하는 사람

0431 **box** [baks]

명 상자 동 권투하다

박스에 물건을 넣어요.
복싱 경기 – 권투 경기, 킥복싱

0432 **fox** [faks]

명 여우

폭스테리어Fox Terrier

– 여우 사냥개

0433 **bad** [bæd]

형 나쁜

배드 보이

– 나쁜 소년(=문제아)

0434 **badminton** [bǽdmintn]

명 배드민턴

건강을 위해서 배드민턴을 치세요.

0435 **bag** [bæg]

명 가방, 주머니

쇼핑백

예쁜 핸드백 ⊕ **handbag** 명 손가방, 핸드백

0436 **sail** [seil]

명 항해 동 항해하다

요트 세일

파라세일 – 낙하산을 메고 보트나 자동차 등에 이끌려 공중을 나는 스포츠 ⊕ **sailor** 명 뱃사람, 선원

0437
veil [veil]

명 베일, 장막

베일 속에 가려진 인물

– 장막 뒤에 가려진 인물(아직 잘 알려지지 않은 신비로운 인물)

베일 벗은 돔구장

0438
crown [kraun]

명 왕관

크라운 베이커리 – 제과점의 제왕

⊕ **bakery** 명 제과점, 빵집 **bake** 동 빵을 굽다, 익히다

0439
powder [páudər]

명 가루, 분말

베이킹**파우더** – 빵을 구울 때 부풀게 하기 위하여 넣는 가루

치킨 파우더 – 닭고기 가루로 된 요리 재료

0440
waiter [wéitər]

명 웨이터, 종업원

웨이터는 식당에서 손님의 시중을 드는 남자 종업원

⊕ **wait** 동 기다리다 ▸ 비행기 웨이팅 – 비행기 대기

0441
weight [weit]

명 무게

웨이트 트레이닝 – 무게가 나가는 기구를 이용해서 근육을 키우는 훈련

0442 **dark** [da:rk]

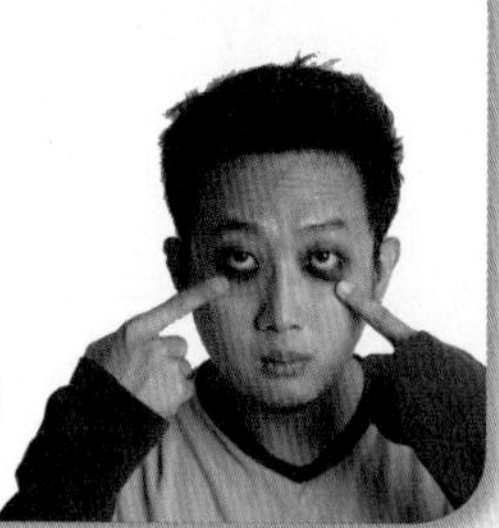

형 어두운, 검은

다크서클 – 몸이 피곤하여 눈 밑이 검은색으로 변한 것
다크호스dark horse – 실력이 알려지지 않은 말(실력이 어둠 속에 감춰진 말)

0443 **clock** [klak]

명 탁상시계, 자명종

우리나라 탁상시계는 째깍째깍 소리를 내고
미국 시계는 **클락클락** 소리를 내나요? ⊕ **o'clock** 부 ~시 정각, 시각

0444 

watch [watʃ]

명 손목시계

스톱 **워치** – 하던 일을 언제 멈출지를 측정하는 시계
스마트 워치

0445 **bed** [bed]

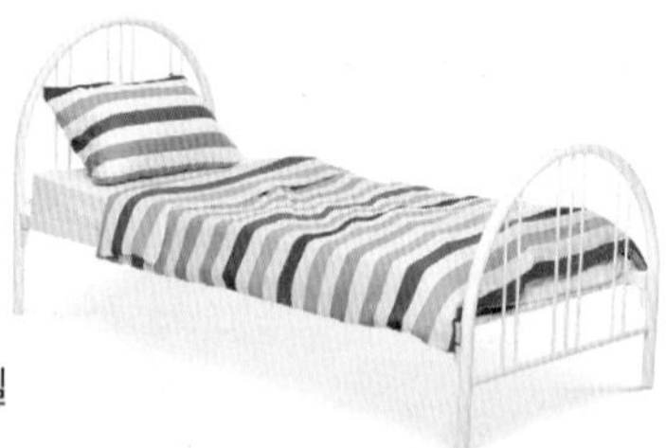

명 침대

싱글 **베드** – 혼자 사용하는 침대
더블 베드 – 둘이 사용하는 침대 ⊕ **bedroom** 명 침실

0446 **bath** [bæθ]

명 목욕, 욕조

목욕bath, 배스 후 침대bed, 베드에 들어가세요.
배스룸 클리너 – 욕실 세정제

● 지시대명사 정리

0447 **this** 이것

가까이에 있는 사물 ⊕ **these** 이것들

0448 **that** 저것

멀리 있는 사물 ⊕ **those** 저것들

0449 **it** 그것

DAY 13

Students want to be good at math.

학생들은 수학을 잘하고 싶어 해요.

0450 **dam** [dæm]

명 댐, 둑

소양강 **댐**
청평 댐

0451 **gang** [gæŋ]

명 폭력단, 무리, 한패

갱 – 범죄를 일삼는 조직적인 무리
갱 영화

0452 **bank** [bæŋk]

명 은행, 둑

인터넷 **뱅킹** – 인터넷을 통한 은행 업무
홈뱅킹 – 집에서 하는 은행 업무

0453 **darling** [dɑ́:rliŋ]

명 여보, 사랑하는 사람

오 마이 **달링**

 Day13.mp3 한 단어당 3번씩 반복하여 읽어 보세요.

 목표 시간: 20분

 걸린 시간: 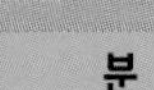 분

0454 **birthday** [bə́:rθdèi]

명 생일

해피 **버스데이**! – 생일 축하해!

버스데이 파티 – 생일 파티

0455 **happy** [hǽpi]

형 행복한, 기쁜

Happy new year! – 새해 복 많이 받으세요!

⊕ **happiness** 명 행복, 기쁨

0456 **mystery** [místəri]

명 신비, 불가사의

미스터리한 사람

그 이야기는 신비롭고 미스터리하다.

0457 **math** [mæθ]

명 수학(=mathematics)

EBS 수학교재 〈**매스** 트레이닝〉

0458 **teacher** [tí:tʃər]

명 선생님, 교사

잉글리시 **티처** – 영어 선생님

굿 티처 – 좋은 선생님 ⊕ **teach** 동 가르치다

0459 **beam** [bi:m]

명 광선, 빛줄기

레이저**빔**이 무척 밝군요.

0460 **dear** [diər]

형 사랑스러운, 소중한, 친애하는

디어 프렌드dear friend

– 소중한 친구에게(주로 편지 앞부분에 많이 쓰는 표현)

0461 **deer** [diər]

명 사슴

(상표) 존**디어**John Deere의 사슴 로고

– '코카콜라'와 더불어 미국인이 좋아하는 10대 브랜드

0462 **guide** [gaid]

명 안내자, 여행 가이드 동 안내하다

유럽 여행 **가이드**

0463 **low** [lou]

형 낮은

(킥복싱) **로우**킥 – 상대 선수의 낮은 부위(다리 부분)를 차는 것

로우킥 vs. 하이킥

0464 **grow** [grou]

동 자라다, 성장하다, (동·식물을) 기르다

그로우 게임 – 여러 가지 것들을 키우는 게임

0465 **ace** [eis]

명 에이스, 고수, 제1인자

에이스 투수 – 최고의 투수

에이스 선수

0466 **beauty** [bjú:ti]

명 아름다움, 미, 미용

뷰티숍

뷰티 & 더 비스트beast – 미녀와 야수 ⊕ **beautiful** 형 아름다운

0467 **bench** [bentʃ]

명 벤치, 긴 의자

벤치에 앉아 쉬세요.

0468

belt [belt]

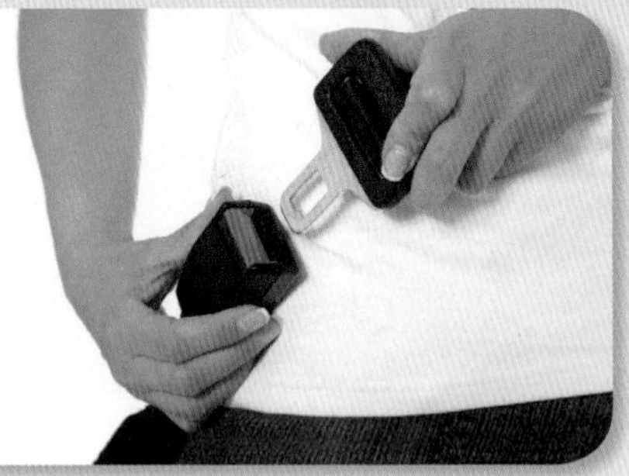

명 허리띠, 벨트

안전**벨트**를 매세요.

챔피언 벨트

0469

side [said]

명 옆, 측면, 옆구리

(자동차) **사이드** 브레이크 – 운전석 옆에 있는 브레이크

사이드 미러 – 옆에 붙어 있는 거울

0470

inside [ìnsáid]

부 안쪽에 전 ~의 안쪽에 형 안쪽의 명 안쪽

(축구) **인사이드** 킥

– 발 안쪽으로 공을 차는 기법

0471

outside [àutsáid]

부 밖으로 전 ~의 밖에 형 바깥쪽의 명 바깥쪽

(축구) **아웃사이드** 킥

– 발 바깥쪽으로 공을 차는 기법

0472

cow [kau]

명 암소, 젖소

암소를 몰고 다니는 **카우**보이(목동)

0473
turkey [tə́:rki]

명 칠면조

터키Turkey를 여행하면
칠면조turkey 고기를 먹어야 할까요?

0474
monkey [mʌ́ŋki]

명 원숭이

몽키 바나나
– 원숭이가 좋아하는 작은 바나나

0475
count [kaunt]

동 세다, 계산하다

(스포츠) 노카운트 – 점수를 계산하지 않는 것
위성 발사를 위한 카운트다운

0476
cut [kʌt]

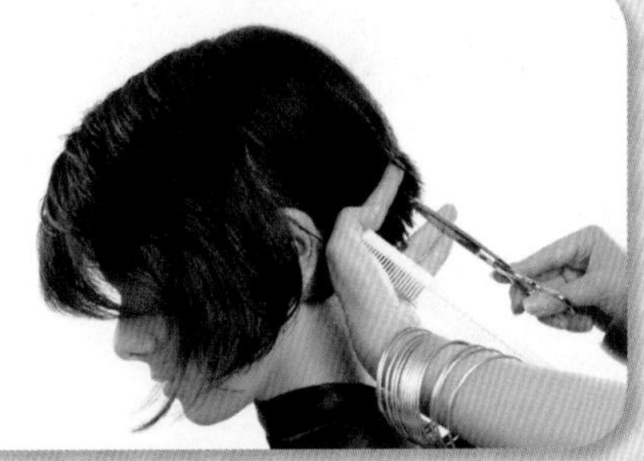

동 자르다 명 자르기

헤어 커트 – 미용 목적으로 머리카락 자르기
쇼트커트 – 짧은 머리로 자르기

0477
but [bʌt]

접 그러나, 하지만

He is small but strong.
– 그는 작지만 강하다.

0478 **problem** [prάbləm]

명 문제, 과제

노 **프라블럼**No problem – 문제없어(괜찮아)

0479 **quiz** [kwiz]

명 퀴즈, 질문

퀴즈를 맞혀봐.

TV 퀴즈쇼

0480 **top** [tap]

명 꼭대기, 정상, 최고

전교 **톱** – 전교 1등

톱클래스 – 최고 등급

0481 **topic** [tάpik]

명 화제

해외 **토픽** – 해외 화제

핫토픽 – 뜨거운 화제

0482 **lake** [leik]

명 호수

(미국 유타) 솔트 **레이크**는 소금 호수로 유명하지요.

0483

salt [sɔːlt]

명 소금

소금이 들어간 **솔트** 크림

허브맛 솔트 – 허브맛 소금

0484

salary [sǽləri]

명 월급

샐러리맨 – 봉급생활자

0485

brother [brʌ́ðər]

명 형제, 형, 오빠, 남동생

브라더후드 brotherhood

– 인류애(모든 사람을 내 형제처럼 생각하는 마음)

0486

sister [sístər]

명 자매, 누나, 언니, 여동생

브라더 vs. **시스터** – 형제 vs. 자매

DAY 14

Can you lend me a blanket?

담요 좀 빌려주시겠어요?

0487 **bet** [bet]

동 돈을 걸다, 내기하다

베팅 – 내기

0488 **wild** [waild]

형 난폭한, 거친, 야생의

와일드한 성격 – 거친 성격

0489 **wonder** [wʌ́ndər]

명 불가사의, 놀라움 동 놀라다

원더우먼 – 불가사의한 여인

슈퍼맨 vs. 원더우먼

0490 **virus** [váiərəs]

명 바이러스

컴퓨터 **바이러스**

악성 바이러스

Day14.mp3 한 단어당 3번씩 반복하여 읽어 보세요.

목표 시간: 20분

걸린 시간: 분

0491 **shepherd** [ʃépərd]

명 양치기, 목자 동 안내하다

(개 품종) **셰퍼드** – 양치는 개

⊕ **sheep** 명 양

0492 **blanket** [blǽŋkit]

명 담요, 모포

블랭킷 에어리어

– '담요에 쌓인 지역'이라는 뜻으로 방송이 들리지 않는 곳을 말해요.

0493 **rent** [rent]

동 빌리다, 임차하다

자동차 **렌트**

정수기 렌탈rental 서비스

0494 **lend** [lend]

동 빌려주다, 대여하다

렌드lend–빌려주다는 렌트rent–빌리다의

반대말이지요.

0495 **kiss** [kis]

동 입맞춤하다, 키스하다

작별의 **키스**

0496 **blind** [blaind]

형 눈 먼

블라인드 설치

창문에 블라인드를 치면 밖이 안 보이겠죠?

0497 **lock** [lak]

동 잠그다 명 자물쇠

라커룸 – 귀중품을 넣고 잠가 보관하는 곳

음식물을 넣고 잠가서 보관하는 '락앤락' 그릇

0498 **key** [kiː]

명 열쇠

자동차 **키**

아파트 키

0499 **room** [ruːm]

명 방

원**룸** 아파트 – 방이 하나인 아파트

룸서비스 – 호텔 객실로 음료, 식사 등을 보내주는 서비스

0500 **mate** [meit]

명 동료, 짝, 친구

룸**메이트** – 방을 같이 쓰는 사람

0501 **blow** [blou]

명 타격 동 때리다, 바람이 불다

(권투) 바디 **블로** – 몸통을 타격하는 것

0502 **coat** [kout]

명 코트, 외투

추우면 **코트**를 입으세요.

롱 코트가 멋지군요.

0503 **boat** [bout]

명 보트, 작은 배

보트 타기

(물놀이) 바나나 보트

0504 **goat** [gout]

명 염소

보트boat 타는 **염소**goat, 고트

고트 치즈 – 염소 치즈

0505 **boots** [bu:ts]

명 부츠, 장화

롱**부츠** – 긴 장화, 여성용 부츠

0506 **roof** [ru:f]

명 지붕, 천장

(자동차) 선**루프**

– 햇빛이 들어올 수 있도록 만든 차량 천장

0507 **break** [breik]

동 깨다, 부수다, 고장 내다

브레이크 댄스 – 뼈를 부수듯이(뼈가 꺾어지게) 추는 춤

0508 **fast** [fæst]

형 빠른 부 빨리

패스트푸드

– 식당에서 주문하면 빨리 나오는 음식

0509 **breakfast** [brékfəst]

명 아침식사

아메리칸 **브랙퍼스트**

– 미국식 아침식사(시리얼, 달걀, 햄 등으로 이뤄짐.)

0510 **lunch** [lʌntʃ]

명 점심

맥**런치** – 맥도날드 점심 메뉴

브런치 – 브랙퍼스트와 런치를 합친 말

0511 **bridge** [bridʒ]

명 다리, 교량(橋梁)

(영국 런던) 타워 **브리지** – 탑 모양의 다리

(일본 동경) 레인보우 브리지 – 무지갯빛 조명의 다리

(치과) 브리지 – 치아와 치아를 다리처럼 연결시켜 주는 기구

0512 **burn** [bəːrn]

동 불타다, 태우다, 굽다

버너burner에 스테이크를 구워요.

에코 버너 – 친환경 버너

0513 **business** [bíznis]

명 사업

비즈니스맨 – 사업가

0514 **busy** [bízi]

형 바쁜

비즈니스business, 사업 하는 사람은

늘 **바쁘죠**busy?

0515

puzzle [pʌzl]

명 수수께끼, 퍼즐

퍼즐 맞추기

직소 퍼즐 – 조각 그림 퍼즐

0516

whistle [hwísl]

명 호루라기, 휘파람

심판의 **휘슬** – 심판의 호루라기

경기 종료를 알리는 휘슬이 울렸다.

0517

escalator [éskəlèitər]

명 에스컬레이터

백화점 **에스컬레이터**

0518

scale [skeil]

명 규모, 저울

스케일이 크다 – 규모가 크다

당신은 스케일이 큰 사람입니다.

0519

camp [kæmp]

명 야영장, 캠프장 동 야영하다

캠프파이어 – 야영지에서 피우는 모닥불

캠핑카를 타고 야영장으로 가요.

0520 **lamp** [læmp]

명 램프, 등

램프의 건전지를 교체해주세요.

0521 **campus** [kǽmpəs]

명 교정, 대학 구내, 캠퍼스

대학 **캠퍼스**

0522 **rafting** [rǽftiŋ]

명 래프팅, 뗏목타기

신나는 **래프팅**

동강에 래프팅 하러 갈까? ⊕ **raft** 명 뗏목, 고무보트

0523 **buy** [bai]

동 사다

바이어buyer – 물건을 사러 온 사람

해외 바이어

0524 **bye** [bai]

감 작별인사, 잘 가요

굿 **바이**Good bye

– 안녕히 가세요.

The onions got brown.

양파가 갈색으로 변했어요.

0525

ring [riŋ]

명 반지 동 울리다

커플**링** – 연인들이 끼는 반지

0526

onion [ʌ́njən]

명 양파

어니언링 – 양파를 반지처럼 둥그런 모양으로 튀겨서 만든 과자

0527

brown [braun]

명 갈색 형 갈색의

브라운 슈거 – 갈색 설탕

브라운 아이즈 – 갈색 눈동자

0528

bug [bʌg]

명 곤충, 병원균

(컴퓨터) **버그** – 프로그램 오작동

(컴퓨터를 망가트린 벌레(모기)를 찾아낸 데에서 유래)

Day15.mp3 한 단어당 3번씩 반복하여 읽어 보세요.

목표 시간: 20분

걸린 시간: 분

0529 **buffalo** [bʌ́fəlòu]

명 물소, 들소

아프리카 야생 **버펄로**

0530 **bull** [bul]

명 황소

불독bulldog – 황소와 싸울 만큼 용감한 개

불도저bulldozer – 황소처럼 힘이 좋은 건설 장비

0531 **dog** [dɔːg]

명 개

도그 티비(TV) – 개를 위한 티비 채널

핫도그는 개로 만든 음식이 아니지요.

0532 **calendar** [kǽləndər]

명 달력

탁상 **캘린더** – 탁상 달력

0533 **call** [kɔ:l]

동 부르다, 전화하다 명 통화

콜센터 – 고객의 통화를 처리하는 센터

모닝**콜** 서비스 – 아침에 전화로 깨워주는 서비스

0534 **camera** [kǽmərə]

명 카메라, 사진기

디지털 **카메라**

카메라 앵글 – 사진 찍는 각도

0535 **basket** [bǽskit]

명 바구니

비스킷biscuit을 **바스켓**basket에 담으세요.

⊕ **basketball** 명 농구 ▸ 바스켓볼 – 공을 바스켓(바구니)에 넣는 경기

0536 **pay** [pei]

동 지불하다 명 지불

더치**페이**Dutch pay – 식사 후 각자 돈을 지불하는 것

(정확한 영어 표현은 go Dutch, Dutch treat)

0537 **cake** [keik]

명 케이크

생일 **케이크**

달콤한 초콜릿 케이크

0538

look [luk]

동 보다, ~처럼 보이다 명 보기

커플**룩** – 연인처럼 보이는 옷

스쿨룩 – 학생처럼 보이는 옷

0539

baby [béibi]

명 아기

아기를 위한 **베이비** 용품

베이비오일

0540

half [hæf]

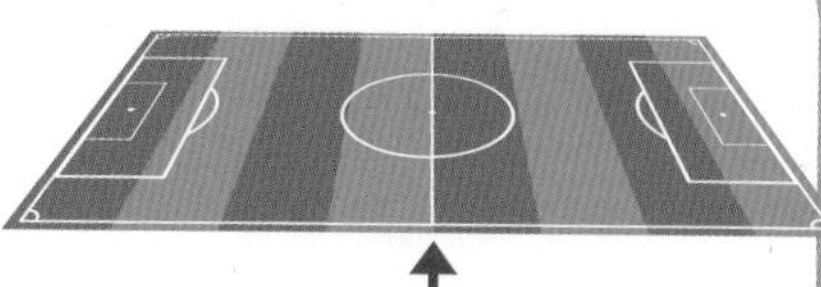

명 반, 절반

(축구) **하프** 라인 – 경기장을 반으로 나누어 한가운데에 그은 선

하프 마라톤 – 절반 코스만 달리는 마라톤

0541

have [həv, əv, hæv]

동 ~을 가지고 있다, 소유하다

I have a dog.

– 나는 개 한 마리를 **가지고 있다**.

0542

curve [kəːrv]

명 커브, 곡선

급**커브** 길을 조심하세요. – 곡선으로 휜 길을 조심하세요.

(야구) 커브 – 곡선으로 휘어서 들어가는 공

0543 **casual** [kǽʒuəl]

형 평상복의, 격식 없는

캐주얼한 평상복 패션
편하게 신는 캐주얼 신발

0544 **trophy** [tróufi]

명 트로피, 우승컵

감격스런 우승 **트로피**

0545 **cartoon** [ka:rtú:n]

명 만화, 카툰

카툰 세상, 주로 한 컷 만화를 카툰이라고 하죠.
웹툰 – 인터넷을 뜻하는 '웹web'과 만화를 뜻하는 '카툰cartoon'의 합성어

0546 **card** [ka:rd]

명 카드, 엽서

크리스마스**카드**
– 성탄절 카드

0547 **carrot** [kǽrət]

명 당근

캐럿 케이크 – 당근 케이크
당근 농장에 캐럿 캐러 갈까요?

0548

dress [dres]

명 옷, 여성용 원피스 동 옷을 입히다

숙녀용 **드레스**

드레스 룸에서 옷을 갈아입으세요.

0549

afternoon [æftərnú:n]

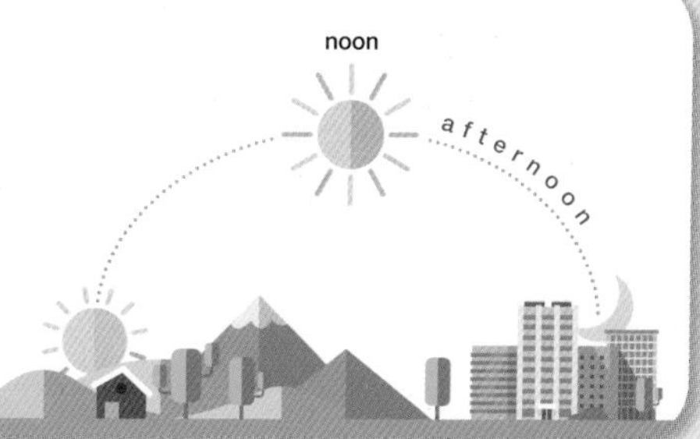

명 오후

굿 **애프터눈**Good afternoon.

– 좋은 오후입니다.(오후 인사) ⊕ **noon** 명 정오

0550

twice [twais]

명 두 번, 2회

투two에서 유래한 **트와이스**twice는

'두 번'을 뜻하지요.

0551

festival [féstəvəl]

명 축제

아시아 음식 **페스티벌** – 아시아 음식 축제

페스티벌 복장은 화려해요.

0552

chart [tʃa:rt]

명 차트, 도표

이 **차트**를 보세요.

차트 그리기

0553

race [reis]

명 경주, 경쟁

카 **레이스** – 자동차 경주

카 레이서racer – 자동차 경주를 직업으로 하는 사람

0554

chat [tʃæt]

동 채팅하다, 잡담하다

인터넷 **채팅**방

0555

can [kən, kǽn]

명 깡통, 캔 동 ~할 수 있다

캔 커피 – 캔(깡통)에 들어있는 커피

토마토 캐닝 – 토마토 통조림

0556

candle [kǽndl]

명 양초, 촛불

깡통can 안에 **촛불**candle을 켜세요.

소이 캔들 – 콩으로 만든 양초

0557

yes [jes]

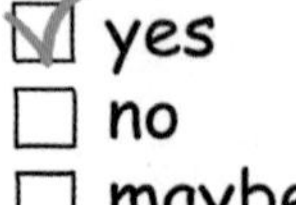

부 예, 그렇습니다

예스 vs. 노 – 예 vs. 아니오

⊕ **no** 부 아니다, ~없다

0558 **hill** [hil]

명 언덕, 야산

워커**힐**은 한국전쟁에 참전했던 워커 장군을 기리기 위해 워커의 언덕 – 워커 힐Walker Hill로 불렀다죠?

0559 **cry** [krai]

동 울다, 소리치다

돈 **크라이**Don't cry – 울지 마.

0560 **chopstick** [tʃápstìk]

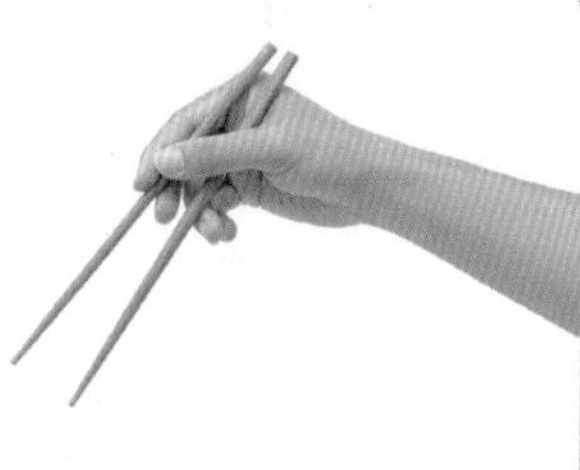

명 젓가락

젓가락 한 짝 – **찹스틱**

젓가락 한 벌(두 짝) – a pair of chopsticks

0561 **spoon** [spu:n]

명 숟가락

티**스푼** – 차(茶)를 탈 때 사용하는 작은 숟가락

요거트 스푼 – 요거트를 떠먹을 때 쓰는 숟가락

0562 **soup** [su:p]

명 수프

야채 **수프**

따뜻한 수프

The city is too far.

그 도시는 너무 멀어요.

0563 **car** [kaːr]

명 자동차, 승용차

카센터 – 자동차를 수리하는 업소

오픈카 – 자동차 천장이 열린 차

0564 **far** [faːr]

형 먼 부 멀리

차car 타고 갈 만큼 **먼**far

0565 **cart** [kaːrt]

명 손수레, 짐수레

마트 **카트**

쇼핑 카트에 물건을 잔뜩 실었어요.

0566 **carrier** [kǽriər]

명 나르는 것

여행 중에는 **캐리어**(흔히 '여행 가방'을 뜻함)를 잘 챙기세요.

기내용 캐리어 – 비행기에 갖고 타는 여행 가방

➕ **carry** 동 나르다, 운반하다

 Day16.mp3 한 단어당 3번씩 반복하여 읽어 보세요.

 목표 시간: 20분

 걸린 시간: 분

0567 **champion** [tʃǽmpiən]

명 챔피언, 우승자

월드컵 **챔피언**

세계 챔피언

0568 **chance** [tʃæns]

명 기회, 행운

정말 좋은 **찬스** – 정말 좋은 기회

0569 **change** [tʃeindʒ]

동 바꾸다 명 바꿈, 교체

선수 **체인지** – 선수 교체

자동차 기어 **체인지**(1단 기어에서 2단 기어로 바꾸기 등)

0570 **chair** [tʃεər]

명 의자

휠**체어** – 바퀴 달린 이동식 의자

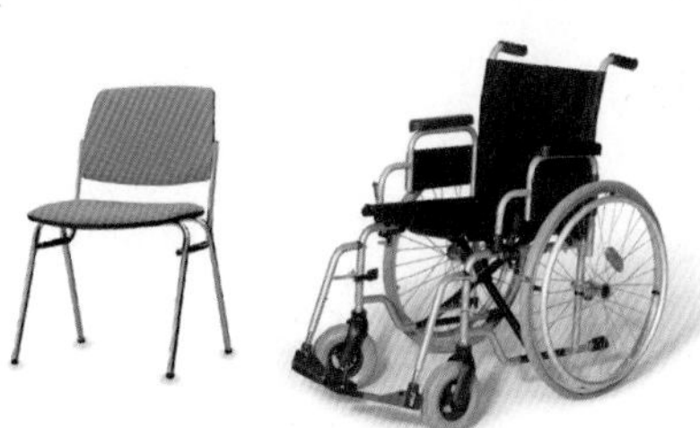

0571

wheel [hwi:l]

명 바퀴

(자동차) **휠** 교체 – 바퀴 교체

자전거 휠, 휠체어

0572

hair [hεər]

명 머리카락

멋진 **헤어**스타일

0573

talk [tɔ:k]

동 말하다 명 대화

토크쇼 – 대화 형식의 쇼

스몰 **토크**small talk – 가벼운 대화 & 잡담

0574

chess [tʃes]

명 서양장기, 체스

체스 게임

체스 한 판 둘까요?

0575

push [puʃ]

동 밀다 명 밀기

너무 **푸시**하지 마. – 너무 밀어붙이지 마.

푸시 버튼 – 누름단추 ⊕ **push-up** 명 팔굽혀펴기, 푸시업

0576

pull [pul]

동 당기다, 잡아당기다 명 당기기

푸시 vs. 풀 – 밀기 vs. 당기기

푸시풀 스위치 – 누르거나 잡아당겨서 작동시키는 스위치

0577

cold [kould]

형 추운, 차가운 명 감기

콜드 케어 시럽 – 감기 시럽

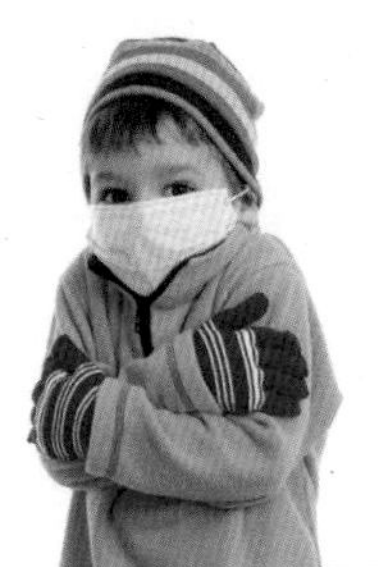

0578

clip [klip]

명 클립, 핀

서류를 클립으로 고정시켜요.

헤어클립 – 머리 핀

0579

club [klʌb]

명 클럽, 동호회

독서 클럽

0580

sit [sit]

동 앉다

싯업 sit-up – 윗몸일으키기

싯 다운 Sit down! – 앉아라!

0581 **cream** [kriːm]

명 크림

크림빵
딸기 맛 아이스크림

0582 **umbrella** [ʌmbrélə]

명 우산

엄브렐라는 신데렐라가 좋아하던 우산인가요?
신데렐라와 엄브렐라는 발음이 비슷하네요.

0583 **city** [síti]

명 도시

시티 라이프 – 도시 생활
도시 구경하러 시티 투어를 떠날까요?

0584 **class** [klæs]

명 등급, 학급, 수업

상위 **클래스**
톱클래스 – 최상위 등급 ⊕ **classroom** 명 교실

0585 **level** [lévəl]

명 수준, 정도

레벨이 높다
상위 레벨 수업

0586 **elevator** [éləveitər]

명 승강기, 엘리베이터

건강을 위해 **엘리베이터** 대신
계단을 이용해보세요.

0587 **corner** [kɔ́:rnər]

명 코너, 구석, 모퉁이

(축구) **코너**킥 – 축구장 구석에서 차는 킥
(쇼핑) 알뜰상품 코너

0588 **go** [gou]

동 가다

렛츠**고**! Let's Go! – 가자!

0589 **stop** [stap]

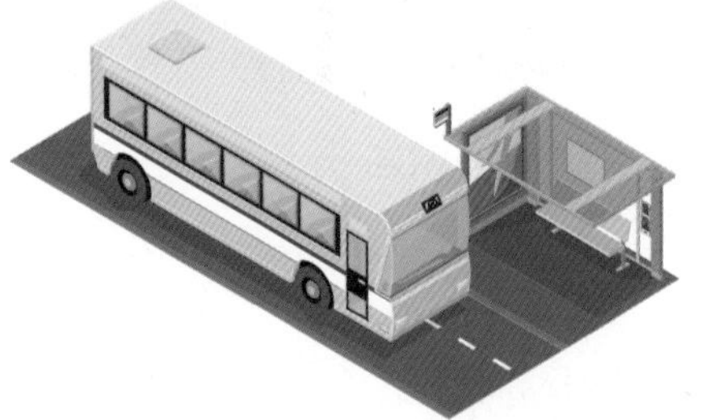

동 멈추다, 중단하다 명 정지

버스 **스톱** – 버스 정류장

0590 **coffee** [kɔ́:fi]

명 커피

커피숍
커피 브레이크 – 커피나 차를 마시는 휴식 시간

0591 **come** [kʌm]

동 오다

컴백come back – 되돌아오다

어제 집으로 컴백했어요.

0592 **comedy** [kάmədi]

명 코미디, 희극

배를 잡고 웃게 만드는 코미디 프로그램

0593 **control** [kəntróul]

명 통제 동 통제하다, 관리하다

마인드 컨트롤 – 마음의 통제

(항공) 컨트롤 타워(비행기 이착륙을 통제하는 관제탑)

0594 **sheet** [ʃiːt]

명 종이, 시트

시트 벽지 – 종이 벽지

위생 시트지

0595 **sun** [sʌn]

명 태양, 해

선글라스

태양이 뜨거우니 선크림을 바르세요.

0596
son [sʌn]

명 아들

선&도터son & daughter – 아들&딸

⊕ **daughter** 명 딸

0597
dive [daiv]

동 물속에 뛰어들다

스쿠버다이빙diving

스카이다이빙 – 하늘에서 뛰어내리는 것

0598
wine [wain]

명 포도주

레드 와인 – 붉은 포도주

0599
worry [wə́:ri]

동 걱정하다

돈 워리 비 해피Don't worry. Be happy.

– 걱정하지 말고 행복해지세요.

0600
ghost [goust]

명 유령

고스트 하우스 – 유령의 집

고스트 헌터 – 유령 사냥꾼

DAY 17

A cook made a cheese pizza.

요리사가 치즈 피자를 만들었어요.

0601 **goal** [goul]

명 골, 목표

(축구) 슛~ **골**
공이 골대에 맞았네요.

0602 **course** [kɔ:rs]

명 과정, 코스

마라톤 **코스**, 골프 코스
초급 영어 코스

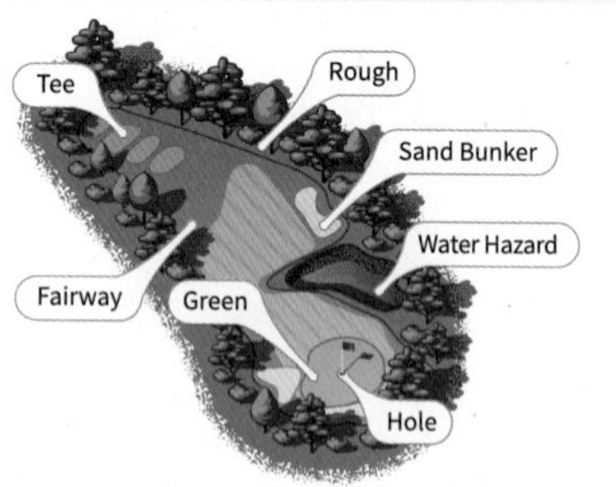

0603 **color** [kʌ́lər]

명 색깔

컬러텔레비전
컬러복사기

0604 **chocolate** [tʃɔ́:kələt, tʃάkələt]

명 초콜릿

사탕보다 **초콜릿**이 좋아요.

Day17.mp3 한 단어당 3번씩 반복하여 읽어 보세요.

목표 시간: 20분

걸린 시간: 분

0605 **cheese** [tʃiːz]

명 치즈

치즈 피자

치즈가 듬뿍 들어간 치즈버거

0606 **slice** [slais]

명 얇은 조각

슬라이스 치즈

슬라이스 햄

0607 **play** [plei]

동 놀다 명 장난, 경기

(스포츠) **플레이** 볼

– 경기를 시작할 때 심판이 하는 말

0608 **enter** [éntər]

동 들어가다, 입장하다

(컴퓨터) 키보드 **엔터**키

엔터키를 누르면 프로그램이 실행되죠.

0609 **personal** [pə́rsənl]

형 개인의

퍼스널 컴퓨터PC – 개인용 컴퓨터

(농구) **퍼스널** 파울 – 개인에게 적용되는 파울 ⊕ **person** 명 사람

0610 **cookie** [kúki]

명 쿠키, 과자

버터 **쿠키**

쿠키 만들기

0611 **cook** [kuk]

명 요리사 동 요리하다

요리사가 등장하는 TV **쿡**방(요리 방송)

⊕ **cooker** 명 요리기구 ▸ 주방용 쿠커

0612 **pool** [pu:l]

명 수영장, 물웅덩이

풀장 – 수영장

0613 **cool** [ku:l]

형 시원한, 쌀쌀한

쿨러 – 시원하게 만드는 장치

컴퓨터 쿨러가 망가져서 열이 나네요.

0614 **cop** [kap]

명 경찰관

로보**캅** – 로봇 경찰

0615 **wood** [wud]

명 나무, 숲

나무로 된 **우드**블록

0616 **wool** [wul]

명 털, 모직

울 세제 – 모직의류 전용 세제

털로 된 울 니트

0617 **jumbo** [dʒʌ́mbou]

형 아주 큰 명 엄청나게 큰 것

점보 사이즈 – 아주 큰 사이즈

점보제트 비행기는 엄청 커요.

0618 **jump** [dʒʌmp]

동 뛰어오르다

높이 **점프**하다

(농구) 점프 볼 – 뛰어올라 공을 잡는 것

0619 **jungle** [dʒʌŋgl]

명 밀림, 정글

정글 탐험

아마존 정글

0620 **find** [faind]

동 찾다

파인드잡find job

– 직업을 찾아주는 인터넷 사이트 ⊕ **job** 명 직업, 일

0621 **hold** [hould]

동 잡다, 쥐다

컵홀더 – 컵을 잡아주는 장치(자동차 운전석 옆에 있지요.)

(농구) **홀딩**holding **파울** – 상대방 선수를 잡는 파울

0622 **hole** [houl]

명 구멍

맨홀 – 도로면에 사람이 출입할 수 있게 뚫려 있는 구멍

(골프) **홀인원** – 공이 한 번에 구멍(홀)에 들어가는 것

● 숫자 익히기

0623 **one** [wʌn]

명 하나, 1

(카드 게임) **원**카드 – 카드 한 장

원피스 – 위아래가 하나로 붙어 있는 여성용 의복

0624 **two** [tuː]

명 둘, 2

(야구) **투** 아웃 – 두 명 아웃

0625 **three** [θriː]

명 셋, 3

(야구) **쓰리**런 홈런 – 3점 홈런

0626 **four** [fɔːr]

명 넷, 4

포시즌 – 사계절

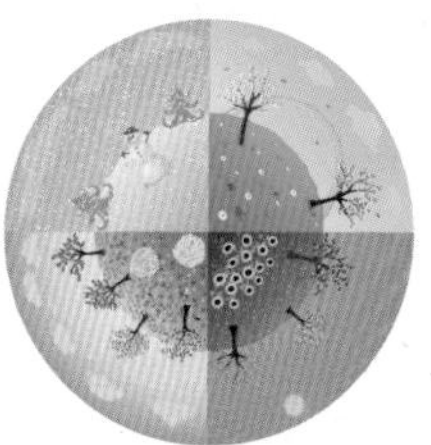

0627 **five** [faiv]

명 다섯, 5

하이 **파이브** – 손가락 다섯 개를 마주치는 동작

0628

six [siks]

명 여섯, 6

식스팩six pack

– 복근을 왕(王)자 형태의 여섯 개 근육으로 만드는 것

0629

seven [sévən]

명 일곱, 7

러키**세븐** – 행운의 숫자 7

(음료 상표) **세븐**업7UP

0630

eight [eit]

명 여덟, 8

에이트 비트

– 한 소절이 팔분음표를 바탕으로 여덟 비트로 나누어진 리듬

0631

nine [nain]

명 아홉, 9

(골프) **나인**홀

– 1번 홀에서 9번 홀까지 치는 미니 골프

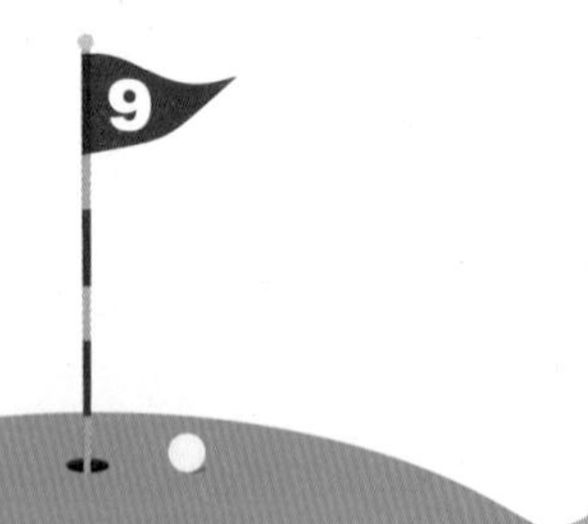

0632

ten [ten]

명 열, 10

톱 **텐** – 상위 10위

0633 **eleven** [ilévən]

명 열하나, 11

(상호) 세븐**일레븐** – 아침 7시에서 밤 11시까지 영업하여 그렇게 이름 지었다고 함

(축구) 베스트 일레븐 – 11명의 최고의 선수들

0634 **hundred** [hʌ́ndrəd]

명 백, 100

헌드레드 운동 – 복부를 백 번 조이는 운동

(필리핀) 헌드레드 아일랜드
– 백 개의 섬으로 이루어진 군도(群島 – 무리 섬)

0635 **thousand** [θáuzənd]

명 천, 1,000

(소스) **사우전드** 아일랜드 드레싱
– 샐러드에 뿌린 드레싱 모양이 천 개의 섬처럼 보여서 붙여진 이름

0636 **million** [míljən]

명 백만

밀리언 달러

밀리언 셀러 – 백만 부 이상 팔린 책

DAY 18

This copy machine is broken.

이 복사기는 고장 났어요.

0637 **helicopter** [hélikàptər]

명 헬리콥터, 헬기

헬리콥터 조종사

0638 **copy** [kάpi]

명 복사 동 복사하다

카피하다 – 복사하다

카피 머신copy machine – 복사기

0639 **corn** [kɔːrn]

명 옥수수, 곡물

팝**콘**은 옥수수를 튀겨서 만들죠.

콘플레이크 – 옥수수로 만든 과자

0640 **seat** [siːt]

명 좌석, 자리

(자동차) **시트**커버 – 의자를 덮는 커버

 Day18.mp3 한 단어당 3번씩 반복하여 읽어 보세요.

 목표 시간: 20분

 걸린 시간: 분

0641 **sponsor** [spάnsər]

명 후원자, 보증인

올림픽 **스폰서**

이 행사는 스폰서 기업이 후원해 주었어요.

0642 **easy** [í:zi]

형 쉬운

이지젯easy-jet은 이용하기 쉬운 유럽 항공이에요.

0643 **country** [kʌ́ntri]

명 나라, 시골

컨트리 라이프 – 전원생활

시골 농장에 잘 어울리는 컨트리 음악

0644 **court** [kɔ:rt]

명 경기장

농구 **코트**

테니스 코트

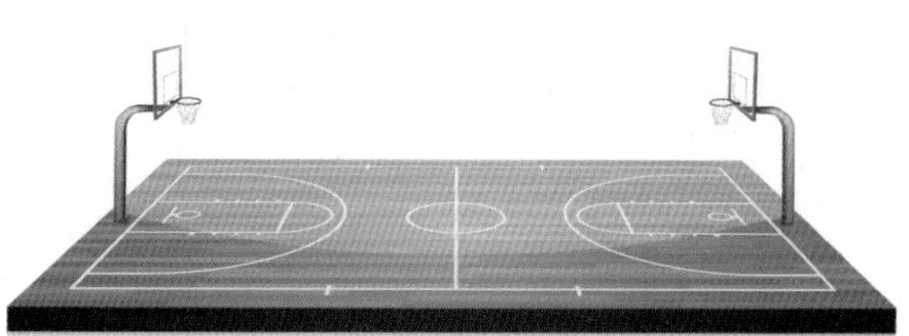

0645 **crab** [kræb]

명 게, 게살

킹 **크랩**
크랩 맛살

0646 **fry** [frai]

동 튀기다 명 튀김

달걀 **프라이**
프라이팬

0647 **crazy** [kréizi]

형 미친

크레이지한 행동

0648 **kite** [kait]

명 연

스포츠 **카이트** 동호회 – 스포츠 연 동호회
카이트 캠핑 – 연 날리는 캠핑

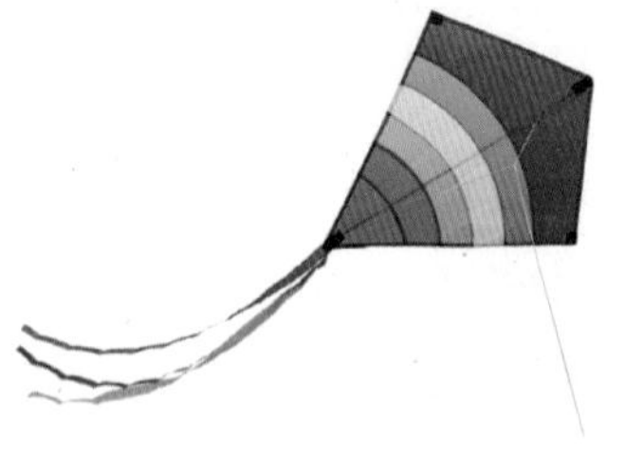

0649 **cash** [kæʃ]

명 현금, 현찰

캐시 카드
캐시 백cash back – 물건을 사면 현금을 적립해주는 서비스

0650 **wash** [waʃ, wɔːʃ]

동 씻다 명 씻기

(자동차) **워셔**액

– 앞 유리창을 씻어주는 액체

0651 **tray** [trei]

명 쟁반, 음식 접시

플라스틱 **트레이**

음식을 트레이에 담으세요.

0652 **rush** [rʌʃ]

동 급히 가다, 돌진하다 명 돌진

러시아워rush hour – 차들이 급히 가서 길이 막히는 시간(출퇴근 시간) ⊕ **hour** 명 시간

0653 **brush** [brʌʃ]

명 빗, 솔

헤어**브러시**, 솔 브러시

⊕ **toothbrush** 명 칫솔

0654 **rule** [ruːl]

명 규칙

게임 **룰**

룰을 지키세요.

0655 **leader** [lí:dər]

명 리더, 지도자

훌륭한 **리더**

리더십 – 지도자가 갖추어야 할 자질 ➕ **lead** 동 이끌다, 인도하다

0656 **cheer** [tʃiər]

명 환호 동 환호하다, 응원하다

(경기장) **치어**리더

0657 **seed** [si:d]

명 씨앗, 종자

망고 **시드** – 망고 씨앗

0658 **drop** [drap]

동 떨어지다 명 방울

워터**드롭** – 물방울 낙하

놀이공원의 자이로드롭은 아찔하게 아래로 떨어져요.

0659 **dirty** [də́:rti]

형 더러운

더티 플레이

– 정정당당하지 못한 플레이

0660
smog [smag]

명 스모그, 연무

스모그 현상
– 먼지 등으로 대기가 혼탁하여 안개처럼 보이는 것

스모그가 심하니 마스크를 착용하세요.

0661
smoke [smouk]

동 담배를 피우다 명 흡연, 연기

노 스모킹 No smoking – 흡연 금지

스모크 치킨 – 훈제 치킨(연기에 익혀 요리한 닭고기)

0662
day [dei]

명 날, 낮

빼빼로데이

해피버스데이

0663
today [tədéi]

명 오늘

투데이 뉴스 – 오늘의 뉴스

0664
yesterday [jéstərdèi]

명 어제

비틀즈의 명곡 〈예스터데이〉

예스터데이(어제)는 영화, 드라마, 팝송 제목에 자주 쓰여요.

0665 **diet** [dáiət]

명 식이요법, 식품, 음식물

다이어트 식단

다이어트 운동

0666 **die** [dai]

동 죽다

다이어트 한다고 계속 굶으면

결국 **다이**die할지도 몰라요.

0667 **dinner** [dínər]

명 저녁식사, 만찬

디너쇼 – 저녁 식사를 하면서 구경하는 쇼

디너파티

0668 **diary** [dáiəri]

명 일기

(영화) 프린세스 **다이어리** – 공주의 일기

0669 **library** [láibreri]

명 도서관, 서재

뮤직 **라이브러리** – 음악도 들려주고 책도 빌려주는 도서관

포토 라이브러리

0670 **pot** [pat]

명 단지, 항아리

커피**포트**

0671 **meat** [mi:t]

명 고기

미트볼
– 고기 완자(쇠고기를 다진 후 둥글게 빚어서 만든 음식)

0672 **eat** [i:t]

동 먹다

음식을 너무 많이 **먹으면**eat
오바이트overeat를 할 수도 있어요.
(overeat는 원래 '과식하다'라는 뜻. '(음식을) 토하다'에 해당하는 올바른 영어 표현은 throw up)

0673 **tea** [ti:]

명 차, 홍차

아이스**티**
티스푼, 티타임 – 일과 중에 차를 마시는 시간

DAY 19

The man doesn't hate a date.

그 남자는 데이트를 싫어하지 않아요.

0674 **white** [hwait]

형 하얀

(미국) **화이트** 하우스 – 백악관

화이트 크리스마스

0675 **date** [deit]

동 데이트하다 명 날짜

데이트 신청

데이트를 앞두고 마음이 설레요.

0676 **hate** [heit]

동 미워하다, 싫어하다

데이트date 하면서 **미워하지**hate 않겠죠?

0677 **relay** [ríːlei]

명 릴레이, 계주(=이어 달리기)

릴레이 경기

릴레이 경기의 마지막 주자(走者)

Day19.mp3 한 단어당 3번씩 반복하여 읽어 보세요.

목표 시간: 20분

걸린 시간: 분

0678 **lesson** [lésn]

명 수업, 가르침, 레슨

피아노 **레슨**

0679 **listen** [lísn]

동 듣다, 귀를 기울이다

영어 **리스닝** 테스트

0680 **fence** [fens]

명 울타리, 담

(야구장) **펜스** 거리 – 타석에서 관중석이 있는 담까지의 거리

펜싱fencing 경기 – 얼굴에 담 모양의 철망을 쓰고 하는 경기

0681 **gate** [geit]

명 문

(고속도로) 톨**게이트**

게이트볼 – 막대기로 공을 쳐서 문을 통과시키는 경기

0682 **tall** [tɔ:l]

형 키가 큰

음료를 **톨** 사이즈로 드릴까요,
아니면 숏 사이즈로 드릴까요?

0683 **dance** [dæns]

동 춤을 추다 명 춤

댄스 학원
신나는 에어로빅댄스

0684 **picture** [píktʃər]

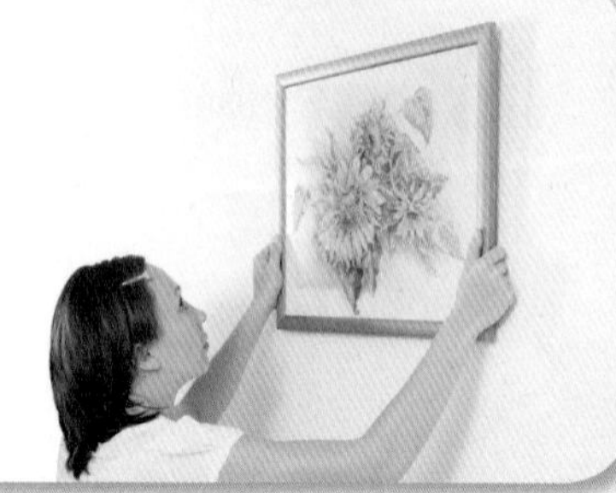

명 그림, 사진

(책) 빅 **픽처** – 인생의 큰 그림을 보는 힘

0685 **rail** [reil]

명 레일, 철도

모노**레일**monorail – 궤도가 하나인 철도
코레일 – 한국철도공사

0686 **door** [dɔ:r]

명 문

도어맨 – 호텔 문을 열어주는 사람

0687 **floor** [flɔːr]

명 층, 바닥

퍼스트 **플로어** – 1층(1F)
세컨드 플로어 – 2층(2F)

0688 **dessert** [dizə́ːrt]

명 디저트, 후식

디저트 카페
식사를 마치고 디저트를 먹어요.

0689 **desk** [desk]

명 책상

안내 **데스크** – 백화점 등에서 안내 직원이 있는 책상
데스크톱 컴퓨터 – 책상 위에 놓는 컴퓨터

0690 **tail** [teil]

명 꼬리, 마지막

칵**테일**cocktail – 수탉의 꼬리와 같이 화려한 빛깔의 술
+ **cock** 명 수탉

0691 **curtain** [kə́ːrtn]

명 커튼 동 커튼을 치다

창문의 **커튼**을 치다
샤워 커튼

0692 **eve** [iːv]

명 전날 밤, 이브

크리스마스**이브**

– 크리스마스 전날 밤

0693 **evening** [íːvniŋ]

명 저녁, 밤

이브닝드레스 – 밤에 입는 드레스

굿 이브닝

0694 **back** [bæk]

명 등, 뒤

백팩backpack – 등에 메는 가방

0695 **mirror** [mírər]

명 거울

자동차 백**미러**

(참고로 백미러의 정확한 영어식 표현은 rear mirror이지요.)

0696 **mansion** [mǽnʃən]

명 맨션, 대저택

아파트 vs. **맨션**

0697 **man** [mæn]

명 (성인) 남자, 사람

원**맨**쇼 – 한 사람이 하는 쇼

0698 **many** [méni]

형 많은

유명 관광지에는
사람man이 참 **많아요**many.

0699 **woman** [wúmən]

명 (성인) 여자, 여성

슈퍼**우먼**과 원더우먼은 환상적인 여성이에요.

0700 **fold** [fould]

동 접다

폴딩 도어folding door – 접히는 문

폴더폰 – 접을 수 있는 휴대폰

0701 **mail** [meil]

명 우편 동 우편을 보내다

이**메일** – 전자우편

+ mailbox 명 우체통

0702 **big** [big]

형 큰

빅 이벤트, 빅뉴스
맥도날드 빅맥은 엄청 크네요.

0703 **pig** [pig]

명 돼지

새끼 돼지를 **피그**렛piglet이라고 해요.

0704 **dish** [diʃ]

명 음식, 접시

(양식 요리) 메인 **디시** – 주 요리
사이드 디시 – 곁들이는 음식

0705 **wish** [wiʃ]

동 바라다, 소망하다 명 소망

위시 리스트 – 원하는 물건이나 상품의 목록

0706 **fish** [fiʃ]

명 물고기

닥터 **피시** – 피부병을 고치는 데 이용되는 '가라루파Garra rufa'라는 물고기
⊕ **fishing** 명 낚시질

0707 **self** [self]

명 자기, 자신

셀프 서비스 – 식당 등에서 서비스의 일부를 손님이 스스로 하는 방식
셀카(셀프 카메라) – 자신의 모습을 직접 찍은 사진 (영어로는 셀피(selfie))

0708 **bus** [bʌs]

명 버스

시내**버스**
고속버스

0709 **purse** [pəːrs]

명 지갑

버스bus 탈 때 필요한 **지갑**purse, 퍼스

0710 **stress** [stres]

명 스트레스, 압박

스트레스 해소
공부 스트레스

0711 **love** [lʌv]

명 사랑 동 사랑하다

러브 스토리 – 남녀 간의 사랑 이야기
러브 게임 – 사랑 게임

My dream is to be a doctor.

제 꿈은 의사가 되는 거예요.

0712 **duck** [dʌk]

명 오리

(요리) 베이징**덕** – 북경 오리 요리

도날드덕

0713 **doctor** [dάktər]

명 의사, 박사

페이 **닥터** – 월급 받는 의사

0714 **best** [best]

형 최고의, 제일 좋은

최고의 선수로 구성된 **베스트** 멤버

베스트 상품

0715 **dream** [dri:m]

명 꿈 동 꿈을 꾸다

(스포츠) **드림** 팀 – 꿈의 팀

Have a good **dream**! – 좋은 꿈꾸세요!

Day20.mp3 한 단어당 3번씩 반복하여 읽어 보세요.

목표 시간: 20분

걸린 시간: 분

0716 **drink** [driŋk]

명 음료 동 마시다

힘이 솟아나는 에너지 **드링크**
망고 드링크

0717 **dry** [drai]

형 마른, 건조한

헤어**드라이어**
드라이클리닝 – 물 대신에 기름 용제를 사용해서 신속하게 건조시키는 세탁 방법

0718 **hurry** [hə́:ri]

동 서두르다

허리 업hurry up!
– 서둘러!

0719 **hunt** [hʌnt]

명 사냥 동 사냥하다, 찾다

헤드 **헌팅** – 동물을 사냥하듯이 고급 인력을 스카우트 하는 것
(게임) 헌트 쿡 – 직접 사냥해서 요리하는 게임

0720 **welcome** [wélkəm]

동 환영하다

웰컴 투 서울Welcome to Seoul

– 서울에 온 것을 환영합니다.

0721 **well** [wel]

부 잘, 아주 형 건강한

웰빙 시대 – 잘 사는 시대

웰빙 음식

0722 **hello** [helóu]

감 안녕하세요

헬로 키티

⊕ **hi** 감 안녕, 하이

0723 **yellow** [jélou]

명 노랑 형 노란색의

옐로카드 – 노란색 경고 카드

축구 경기에서 옐로카드를 두 번 받으면 퇴장당하죠.

0724 **heavy** [hévi]

형 무거운

(복싱) **헤비**급

– 선수의 몸무게에 따라 분류한 가장 무거운 체급

0725 **heaven** [hévən]

명 하늘, 천국

비행기는 무거운데[heavy] **하늘**[heaven]을 날아요.

0726 **silk** [silk]

명 실크, 비단

실크 옷이 참 예쁘네요.

0727 **road** [roud]

명 길

실크 **로드**

– 비단길(중국에서 생산된 비단이 유럽까지 전해진 길)

0728 **dollar** [dɑ́lər]

명 달러

미국 **달러**

홍콩 달러

0729 **doll** [dal]

명 인형

달러[dollar]로 살 수 있는 **인형**[doll, 달]

0730 **dolphin** [dálfin]

명 돌고래

환상의 **돌핀**쇼

돌핀 크루즈 타고 돌고래와 인사하기

0731 **ear** [iər]

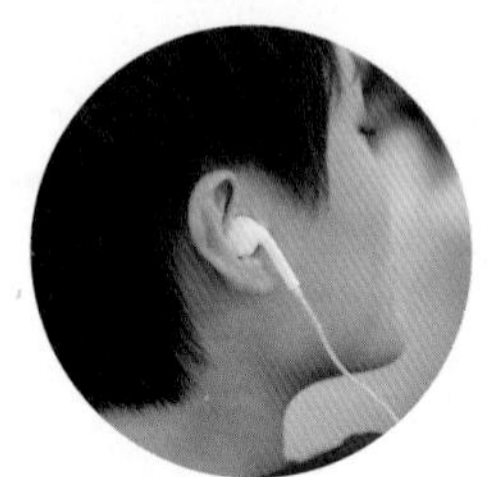

명 귀

이어폰을 오래 끼면 귀가 아파요.

0732 **year** [jiər]

명 년, 해

해피뉴**이어**!Happy new year!

– 새해 복 많이 받으세요!

0733 **special** [spéʃəl]

형 특별한

스페셜 메뉴 – 특별한 메뉴

스페셜 이벤트

0734 **team** [ti:m]

명 팀, 조

야구**팀**

0735 **Asia** [éiʒə]

명 아시아

아시아는 가장 큰 대륙이에요.

⊕ **Europe** 명 유럽

● 1월부터 12월에 해당하는 영어 표현

0736 **January** [dʒǽnjuèri] 1월

0737 **February** [fébrueri] 2월

0738 **March** [maːrtʃ] 3월

0739 **April** [éiprəl] 4월

0740 **May** [mei] 5월

0741 **June** [dʒuːn] 6월

0742 **July** [dʒuːlái] 7월

0743 **August** [ɔ́ːgəst] 8월

0744 **September** [septémbər] 9월

0745 **October** [aktóubər] 10월

0746 **November** [nouvémbər] 11월

0747 **December** [disémbər] 12월

A rainbow has seven colors.

무지개는 일곱 색깔이지요.

0748 **rainbow** [réinbòu]

명 무지개

무지개처럼 알록달록한
레인보우 케이크

0749 **rain** [rein]

명 비 동 비가 오다

레인 코트 – 비옷
레인 부츠 – 비 올 때 신는 장화

0750 **tennis** [ténis]

명 테니스, 정구

테니스 선수

0751 **here** [hiər]

부 여기

파크 **히어**Park here – 여기에 주차하세요.
오더 히어Order here – 여기서 주문하세요. ⊕ **there** 부 거기, 저기

Day21.mp3 한 단어당 3번씩 반복하여 읽어 보세요.

목표 시간: 20분

걸린 시간: 분

0752 **hear** [hiər]

동 듣다

히어링hearing – 듣기, 청문회

0753 **learning** [lə́:rniŋ]

명 학습, 배움

러닝센터 – 학습센터

e-러닝e-learning – 인터넷 등 정보 기술을 이용한 학습

⊕ **learn** 동 배우다

0754 **laser** [léizər]

명 레이저

레이저 치료

피부과에서 점이나 흉터를 제거할 때 레이저를 이용하죠.

0755 **eraser** [iréisər]

명 지우개

레이저laser처럼 잘 지우는 지우개eraser, 이레이저

0756
friend [frend]

명 친구

베스트 **프렌드** – 제일 친한 친구
보이프렌드, 걸프렌드

0757
plastic [plǽstik]

명 플라스틱

플라스틱 바구니
(참고로 우리가 '비닐봉지'라고 부르는 것을 미국에서는 '플라스틱 백'이라고 해요.)

0758
last [læst]

형 마지막의, 최후의

라스트 찬스 – 마지막 기회
라스트신last scene – 영화나 연극의 마지막 장면

⊕ **late** 형 늦은

0759
energy [énərdʒi]

명 에너지, 힘, 기운

에너지 절약
에너지를 아껴 씁시다.

0760
elephant [éləfənt]

명 코끼리

엘리펀트 게임
– 손으로 코를 잡고 코끼리 흉내를 내는 게임

0761 **carol** [kǽrəl]

명 축가

크리스마스 **캐럴**

– 아기 예수의 탄생을 축하하는 노래

0762 **enjoy** [indʒɔ́i]

동 즐기다

Enjoy your meal! – 식사 맛있게 하세요!

⊕ **joy** 명 기쁨 동 기뻐하다

0763 **roll** [roul]

동 구르다, 말다

롤케이크

롤러스케이트 – 바퀴가 구르는 스케이트

0764 **cabbage** [kǽbidʒ]

명 양배추

롤**캐비지** – 양배추를 말아서 만든 음식

0765 **tire** [táiər]

명 타이어 동 피곤하다

자동차 **타이어**

자전거 **타이어**에 구멍이 났어요.

0766 **title** [táitl]

명 제목, 표제

타이틀 곡 – 표제로 선정된 노래

이 노래 타이틀이 뭐야? – 이 노래 제목이 뭐야?

0767 **receive** [risíːv]

동 받다, 수령하다

(배구) **리시브** – 공 받기

0768 **fork** [fɔːrk]

명 포크, 갈퀴

포크로 콕 찍어서 드세요.

0769 **pork** [pɔːrk]

명 돼지고기

돼지고기로 만든 '돈가스'를 영어로는

'**포크**커틀릿pork cutlet'이라고 해요.

0770 **error** [érər]

명 잘못, 틀림

컴퓨터 시스템 **에러**

에러가 났어요. – 뭔가 잘못 되었어요.

0771 **young** [jʌŋ]

형 젊은, 어린

영 에이지young age – 젊은 세대

age 명 나이, 연령, 세대 ▸ 골든 에이지 – 황금 세대

0772 **old** [ould]

형 늙은, 나이든, 오래된

올드 프렌드friend

– 오래된 친구

0773 **ago** [əgóu]

부 전에

롱 타임 **어고** long time ago

– 오래 전에(먼 옛날에)

0774 **house** [haus]

명 집

모델**하우스**

비닐하우스

0775 **keep** [ki:p]

동 지키다, 유지하다, 계속하다

(축구) 골**키퍼** – 골대를 지키는 사람

housekeeper 명 주부, 가사 도우미 ▸ 하우스키퍼

0776 **interior** [intíəriər]

형 내부의 명 내부, 실내

인테리어 공사 – 실내 공사

0777 **extra** [ékstrə]

형 별도의, 여분의

엑스트라 배우

– 별도의 역할을 맡은 출연자(보조 출연자)

0778 **fan** [fæn]

명 (스포츠·배우 등의) 팬, 선풍기, 부채

팬 미팅 – 연예인과 팬들의 만남

열성 팬

0779 **paint** [peint]

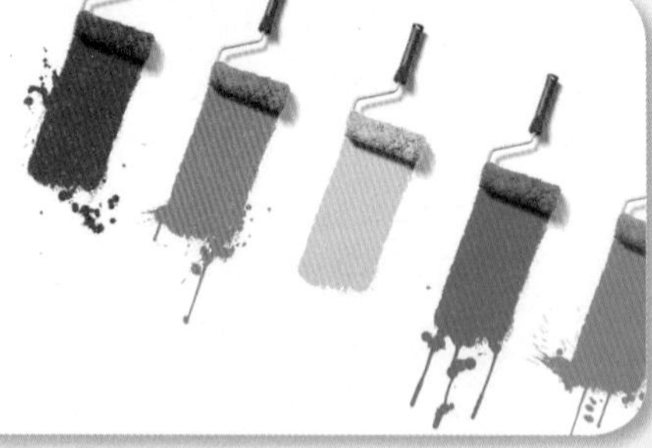

명 페인트, 물감 동 칠하다

페인트칠

0780 **family** [fǽməli]

명 가족

우리 **패밀리**야. – 우리 가족이야.

패밀리 세트

0781 **warm** [wɔːrm]

형 따뜻한

워밍업warming-up – 준비 운동
글로벌 워밍global warming – 지구 온난화

0782 **harmony** [hάːrməni]

명 조화

합창할 땐 하모니가 중요해요.
하모니카는 조화로운 소리를 내는 악기죠.

0783 **fat** [fæt]

명 지방 형 뚱뚱한

로팻low fat 우유
– 저지방 우유

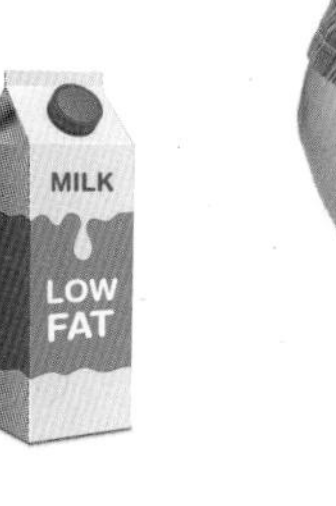

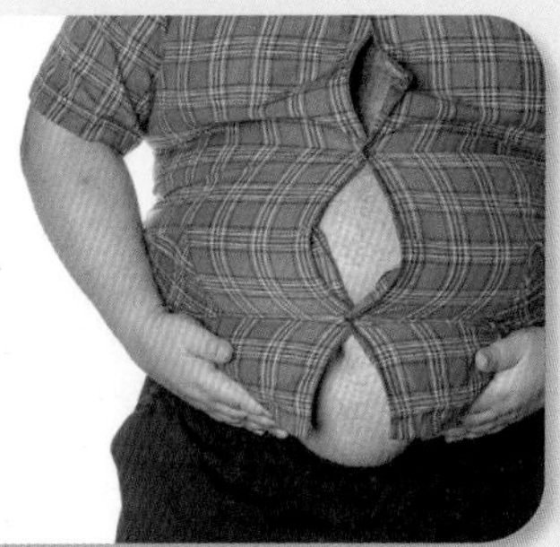

0784 **interesting** [íntərəstiŋ]

형 재미있는, 흥미로운

인터레스팅하다 – 재미있다
인터레스팅하고 신나는 영화

DAY 22

See the ship on the sea.

바다에 있는 저 배를 보세요.

0785 **sea** [siː]

명 바다

(호텔) **씨**뷰sea view – 바다 경치가 보이는 방

(63빌딩) 씨월드 – 바다의 세계가 펼쳐지는 대형 수족관

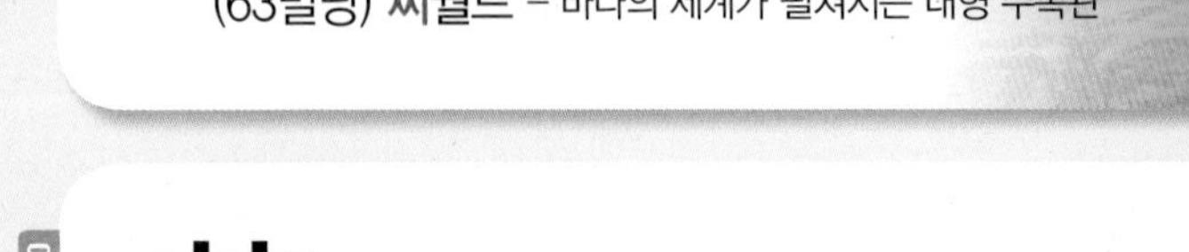

0786 **ship** [ʃip]

명 배

바다sea, 씨에서 타는 **배**ship, 쉽

0787 **see** [siː]

동 보다

바다sea에는 장애물이 없어서 멀리 **볼**see 수 있죠.

0788 **shop** [ʃap]

명 가게, 상점

커피**숍**

선물 사러 기프트숍에 들렀어요. ⊕ **shopping** 명 쇼핑 ▸ 홈쇼핑

Day22.mp3 한 단어당 3번씩 반복하여 읽어 보세요.

목표 시간: 20분

걸린 시간: 분

0789 **water** [wɔ́:tər, wɑ́tər]

명 물

워터파크에 물놀이 하러 가요.

0790 **watermelon** [wɔ́:tərmèlən]

명 수박

워터멜론

– 물이 많이 들어있는 수박 (물 수(水))

0791 **want** [want, wɔ:nt]

동 원하다, 필요로 하다

want to be – 특정 유명인을 동경하는 사람을 흔히 '○○워너비' wanna be라고 하죠.

I **want** to[wanna] be a star. – 스타가 되고 싶어요.

0792 **save** [seiv]

동 구하다, 저축하다, 아끼다

(야구) **세이브** 투수 – 구원 투수

(마트 이름) 세이브 존

0793 **foot** [fut]

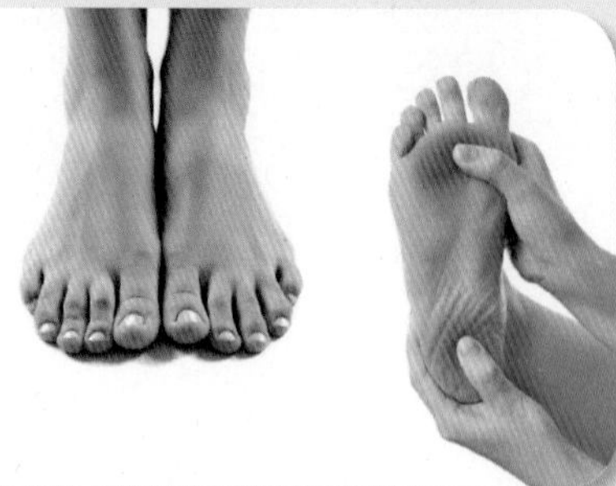

명 발

풋 마사지 받으면 **발**이 시원해요.

+ **football** 명 축구

0794 **sweater** [swétər]

명 스웨터

추울 때 입는 **스웨터**

0795 **sweat** [swet]

명 땀

(음료 상표) 포카리**스웨트**

– 땀이 나면 마시는 드링크

0796 **weather** [wéðər]

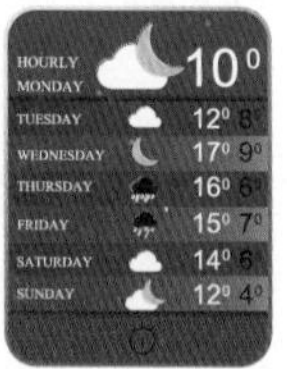

명 날씨

오늘의 날씨를 알아보려면 '구글 **웨더**'나 '오픈 웨더'를 이용하면 편리해요.

0797 **green** [gri:n]

명 녹색 형 녹색의

그린티 – 녹차

그린벨트 – 녹색 지대(도시 주변의 개발 제한 구역)

0798 **food** [fu:d]

명 음식

푸드 코트

패스트푸드 – 식당에서 주문하면 빨리 나오는 음식

0799 **heel** [hi:l]

명 발뒤꿈치

하이**힐** – 여성이 신는 발뒤꿈치가 높은 신발

하이힐 신으면 키가 커 보여요.

0800 **kill** [kil]

동 죽이다

킬링 타임 – 시간 때우기(시간 죽이기)

0801 **field** [fi:ld]

명 들판, 밭

필드하키는 아이스하키와 달리

잔디구장field에서 경기를 하죠.

0802 **skate** [skeit]

명 스케이트 동 스케이트를 타다

롤러 **스케이트**

스케이트장

0803 **refill** [ri:fíl]

동 다시 채우다, 보충하다

콜라 **리필** – 콜라를 다 마시면 다시 채워주는 것

⊕ **fill** 동 채우다, 채워지다

0804 **feel** [fi:l]

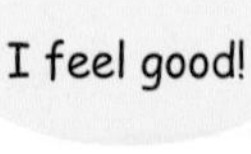

동 느끼다 명 느낌

필이 좋다 – 느낌이 좋다

0805 **file** [fail]

명 서류, 파일

컴퓨터 **파일**
파일을 정리하세요.

0806 **data** [déitə]

명 자료, 데이터

(스마트폰) **데이터** 사용량
수학 성적 데이터

0807 **fine** [fain]

형 좋은, 훌륭한

아임 **파인** I'm fine.
– 나는 좋아(나는 괜찮아).

0808 **song** [sɔ́:ŋ]

명 노래

라디오에서 흘러나오는 팝**송**

도레미송

0809 **singer** [síŋər]

명 가수

싱어송라이터singer song-writer

– 노래를 부르면서 작사나 작곡도 같이 하는 사람

히든 싱어 – 숨어 있는 가수 ⊕ **sing** 동 노래하다

0810 **finger** [fíŋgər]

명 손가락

핑거 페인팅 – 손가락 그림

핑거 푸드 – 손으로 쉽게 집어먹을 수 있는 음식

0811 **France** [fræns]

명 프랑스

프랑스는 서유럽에 있는 나라예요.

⊕ **french** 형 프랑스의, 프랑스인 ▸ 프렌치프라이 – 프랑스식 감자튀김

0812 **fresh** [freʃ]

형 신선한, 새로운

프레시맨freshman – 신입생, 1학년

프레시 오렌지 – 신선한 오렌지

0813 **flash** [flæʃ]

명 반짝임, 손전등

플래시를 터트리다

0814 **full** [ful]

형 가득한, 최대한

풀타임 근무 – 종일 근무

(골프) 풀스윙 – 힘껏 공을 치기 위해 골프채를 최대한 휘두르는 것

0815 **gift** [gift]

명 선물

기프트숍 – 선물 가게

기프트 세트 – 선물 세트

0816 **give** [giv]

동 주다

기브 & 테이크

– 주고받기

0817 **take** [teik]

동 잡다, 가지고 가다, 데리고 가다

테이크 아웃 – 커피나 햄버거를 포장해 달라고 주문할 때 테이크 아웃한다고 하죠.

0818 **drum** [drʌm]

명 드럼, 북 동 북을 치다

드럼을 쳐 보세요.

0819 **foul** [faul]

명 파울, 반칙 형 불결한, 더러운

(야구) **파울** 볼

농구에서 공격자 반칙을 오펜스offense 파울이라고 하지요.

0820 **fruit** [fru:t]

명 과일

프루츠fruits 칵테일 – 여러 과일을 잘게 썰어 담은 통조림

스타 **프루트**star fruit – 별 모양의 열대과일

0821 **boil** [bɔil]

동 끓다, 끓이다

보일러boiler는 물을 끓여서 난방을 하는 장치예요.

0822 **oil** [ɔil]

명 기름

자동차 엔진 **오일**

기름을 바르는 오일 마사지

DAY 23

The guy's gesture is funny.

그 남자의 제스처는 우스워요.

0823 **funny** [fʌ́ni]

형 재미있는, 웃긴

퍼니 스토리 – 웃긴 이야기

+ **fun** 명 재미

0824 **furniture** [fə́:rnitʃər]

명 가구

퍼니처를 파는 가구점

아트 **퍼니처** – 예술 가구

0825 **golf** [galf, gɔ:lf]

명 골프

프로 **골프** 선수

0826 **guy** [gai]

명 남자, 녀석

터프 **가이** – 성격이 화끈하고 시원시원한 남자

Day23.mp3 한 단어당 3번씩 반복하여 읽어 보세요.

목표 시간: 20분

걸린 시간: 분

0827 **gesture** [dʒéstʃər]

명 제스처, 몸짓 동 손짓하다

멋진 **제스처**

제스처 – 몸짓 언어

0828 **jeep** [dʒiːp]

명 지프

지프를 타고 정글 속을 탐험해요.

0829 **giraffe** [dʒəræ̀f]

명 기린

지프Jeep보다 목이 긴 **기린**giraffe, 지라프

지라프 무늬 – 기린 무늬

0830 **slow** [slou]

형 느린

슬로 모션 – 느린 동작

슬로 푸드 vs. 패스트 푸드, (야구) 슬로 커브 – 느린 커브

0831
glove [glʌv]

명 장갑

야구 **글러브**

권투 글러브를 끼세요.

0832
good [gud]

형 좋은, 친절한

굿 모닝Good morning!

– 좋은 아침입니다!

0833
morning [mɔ́:rniŋ]

명 아침, 오전

모닝커피

– 아침에 마시는 커피

0834
grass [græs]

명 풀, 풀밭

(식물) 레몬**그라스** – 레몬향이 나는 풀(허브)

캣그라스 – 고양이풀

0835
guest [gest]

명 손님

스페셜 **게스트** – 특별한 손님

게스트 하우스 – 손님이 머무르는 집

0836 **guitar** [gitɑ́:r]

명 기타

통**기타**

클래식 기타

0837 **hammer** [hǽmər]

명 망치 동 박다

해머는 쇠로 된 큰 망치예요.

천둥의 신 토르는 손에 해머를 들고 있지요.

0838 **ham** [hæm]

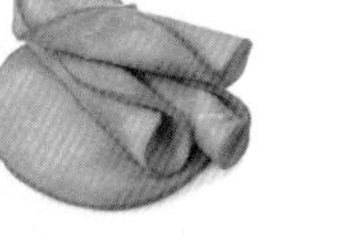

명 햄

신선한 **햄**

햄과 치즈를 넣은 샌드위치

0839 **hot** [hat]

형 뜨거운, 더운, 매운

핫초코 – 뜨거운 초콜릿 음료

핫 페퍼hot pepper – 고추, 고춧가루

0840 **sweet** [swi:t]

형 달콤한, 향기로운

스위트 콘sweet corn

고구마는 달콤한 맛이 나서 스위트포테이토라고 하지요.

0841 **tomorrow** [təmɔ́:rou, təmάrrou]

명 내일

씨 유 **투마로우** See you tomorrow.

– 내일 보자.

0842 **strawberry** [strɔ́:beri]

명 딸기

스트로베리 요거트 – 딸기 요거트

(미국) 스트로베리 카운티 – 딸기의 본고장

(참고로 미국에서 카운티county는 군(郡)을 뜻해요.)

0843 **berry** [béri]

명 딸기류 과일

블루**베리** & 라즈베리 & 아사이베리는 모두 딸기류 과일이에요.

0844 **blue** [blu:]

명 청색 형 푸른

블루진 – 청색 진바지(청바지) + **jean** 명 진, 진바지

네이비navy 블루 – 해군 제복 빛깔 같은 짙은 파랑

0845 **tooth** [tu:θ]

명 치아, 이(복수형은 teeth)

블루**투스** – '푸른 이빨bluetooth'이라는 뜻으로 블루베리를 즐겨 먹어서 치아가 파란색이던 덴마크 국왕의 별명에서 유래.

0846 **too** [tuː]

부 너무, 또한

투 핫too hot – 너무 뜨거워, 매워

0847 **hand** [hænd]

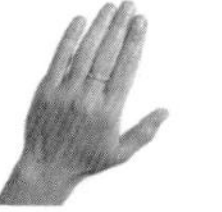

명 손

핸드백 – 손에 들고 다니는 작은 가방

핸드볼 – 손으로 공을 드리블하여 골을 넣는 경기

0848 **handle** [hǽndl]

명 손잡이, 핸들

자동차 **핸들**(정확한 영어 표현은 steering wheel)

오토바이 핸들

0849 **handsome** [hǽnsəm]

형 멋진

저 배우는 정말 **핸섬**하게 생겼네요.

핸섬 보이 – 멋진 소년

0850 **hang** [hæŋ]

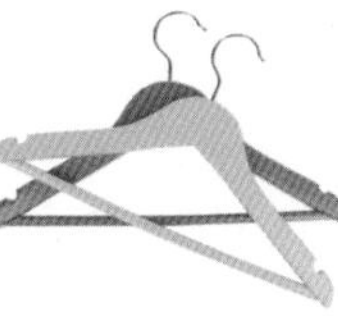

동 걸다, ~에 걸려있다

행어 – 옷걸이

('행거'는 잘못된 발음이지요.)

0851 **hard** [ha:rd]

형 단단한, 어려운 부 열심히

(컴퓨터) **하드**웨어 – 단단한 본체

딱딱한 하드 아이스크림

0852 **hat** [hæt]

명 모자

(축구) **해트**트릭 – 한 선수가 한 게임에서 세 골 이상을 넣는 것

(해트트릭은 영국 크리켓 경기에서 3명의 타자를 아웃시킨 투수에게 모자를 준 것에서 유래했어요.)

0853 **hope** [houp]

동 바라다, 희망하다 명 희망

우리의 **호프** – 우리의 희망

0854 **oriental** [ɔ̀:riéntl]

명 동양인 형 동양의

오리엔탈 특급 열차 – 동양 3개국을 통과하는 특급 열차

(태국, 말레이시아, 싱가포르를 이어주는 열차)

0855 **do** [du, də]

동 하다

저스트 **두** 잇Just do it!

– 그냥 해봐!, 하면 돼!

0856 **high** [hai]

형 높은

하이스쿨 – 고등학교

뒷굽이 높은 하이힐

0857 **helmet** [hélmit]

명 헬멧, 안전모

오토바이 **헬멧**

헬멧을 착용하세요.

0858 **hook** [huk]

명 갈고리 동 구부리다

후크 선장의 갈고리 손

(농구) 훅슛 – 갈고리 모양으로 던지는 슛

0859 **hawk** [hɔ:k]

명 매

블랙 **호크** – 검은 매

치킨 호크 – 매의 흉내를 내는 닭

0860 **health** [helθ]

명 건강

헬스클럽 – 건강을 위한 운동시설을 갖춘 체육관

(정확한 영어 표현은 fitness center 또는 gym)

DAY 24 Did you have a meal?

식사하셨어요?

0861 **game** [geim]

명 게임, 경기, 시합

아시안 **게임**

올림픽 게임

0862 **garden** [gά:rdn]

명 정원

가든파티 – 정원에서 하는 파티

시크릿 가든 – 비밀의 정원

0863 **gas** [gæs]

명 가스, 기체

가스 충전

가스 요금이 너무 많이 나왔어요.

0864 **healing** [hí:liŋ]

명 치료

힐링 여행 – 지친 몸과 마음을 치료하는 여행, **힐링** 체험

⊕ **heal** 동 낫게 하다, 고치다

 Day24.mp3 **한 단어당 3번씩 반복하여 읽어 보세요.**

 목표 시간: 20분

 걸린 시간: 분

0865 **meal** [mi:l]

명 식사, 한 끼니

다이어트 **밀**diet meal

– 다이어트 식사

0866 **heart** [ha:rt]

명 심장, 마음

색종이를 **하트** 모양으로 오려보세요.

0867 **heat** [hi:t]

명 열 동 가열하다

날씨가 추울 땐 **히터**heater를 켜세요.

가스**히터**

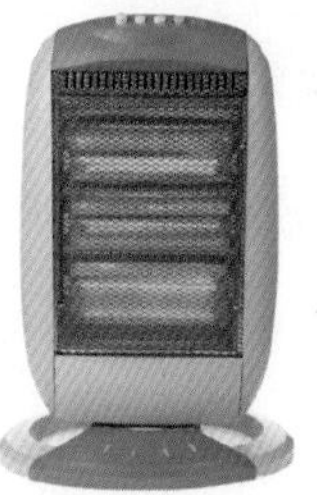

0868 **bump** [bʌmp]

명 충돌 동 충돌하다

(놀이공원) **범퍼**카bumper car – 다른 차와 충돌하며 즐기는 차

자동차 범퍼 – 자동차의 충돌 시 충격을 흡수하는 장치

0869

king [kiŋ]

명 왕

라이언 **킹** – 사자 왕

킹사이즈 침대

0870

kangaroo [kæ̀ŋgərúː]

명 캥거루

호주에 가면 **캥거루**를 볼 수 있어요.

0871

hip [hip]

명 엉덩이, 둔부

힙색 – 엉덩이에 걸쳐 매는 가방

힙 교정 – 엉덩이 부위 & 골반 교정

0872

idea [aidíːə]

명 생각, 아이디어

좋은 **아이디어**가 있어.

– 좋은 생각이 있어.

0873

image [ímidʒ]

명 이미지, 모양

이미지 메이킹 – 자신의 이미지를 다른 사람들에게 각인시키는 것

좋은 **이미지** & 나쁜 이미지

0874 **step** [step]

명 스텝, 걸음 동 발을 내딛다

스텝이 꼬이다 – 걸음이 꼬이다

백스텝 – 뒷걸음

0875 **history** [hístəri]

명 역사

역사 박물관에 가면 인류의
히스토리를 알 수 있지요.

0876 **hockey** [hάki]

명 하키

아이스**하키**

우리나라 하키팀이 우승을 했네요.

0877 **hobby** [hάbi]

명 취미

저는 하키hockey가 **취미**hobby예요.

하비 페스티벌 – 취미를 즐기는 사람들의 축제

0878 **holiday** [hάlədèi]

명 휴일

해피 **할러데이** Happy holidays!

– 휴일 즐겁게 보내세요!

0879 **herb** [həːrb]

명 풀, 약초

허브 티

– 풀이나 약초로 만든 차

0880 **hungry** [hʌ́ŋgri]

형 배고픈

헝그리 정신

– 배고픈 상태에서 뭔가를 열심히 하는 자세

0881 **always** [ɔ́ːlweiz, -wiːz]

부 항상, 언제나

올웨이즈 헝그리 – 항상 배고파

(휴대전화) 올웨이즈 온on 기능 – 시간, 날짜 등이 항상 표시되도록 하는 기능

0882 **poor** [puər]

명 가난한, 불쌍한

하우스 **푸어** – 집을 가진 가난한 사람

(무리한 대출로 집을 사서 빈곤해진 사람들)

0883 **talent** [tǽlənt]

명 재주, 재능, 재능 있는 사람

TV **탤런트**

탤런트가 되고 싶어요.

0884 **number** [nʌ́mbər]

명 수, 숫자

넘버원 – 첫 번째 숫자(보통 '으뜸인 사람'을 의미해요.)

넘버 세븐 – 일곱 번째 숫자

● 기초 전치사 정리

0885 **at** [æt]

전 ~에, ~에서

at school – 학교에서

0886 **on** [ɔ:n]

전 ~위에

on the table – 테이블 위에
(테이블 위에 붙어 있는 상태)

0887 **over** [óuvər]

전 ~위에

over the tree – 나무 위에 (나무에서 살짝 떨어진 위)

오버헤드킥 – 머리 위로 차는 킥

0888 **under** [ʌ́ndər]

전 ~아래에, ~밑에

under the table – 테이블 아래에

언더웨어 – 겉옷 아래에 입는 속옷

DAY 24

0889 **in** [in]

전 ~안에

in the room – 방 안에 (방 안에 있는 상태)
축구 골인[goal-in], 컴퓨터 로그인[log in]

0890 **into** [íntə, íntu]

전 ~안으로

into the room – 방 안으로 (방 안으로 움직이는 동작)

0891 **out of** [aut ʌv]

전 ~으로부터, ~의 안에서 밖으로

out of bed – 침대 안에서 밖으로

0892 **with** [wíð]

전 ~와 함께

I will go with you.
– 나는 너와 함께 갈 거야.

0893 **by** [bai]

전 ~의 옆에서, 곁에서

by you – 너의 곁에서

0894 **before** [bifɔ́ːr]

전 ~ 앞에, 전에

before lunch – 점심 식사 전에

비포 & 애프터 – 전 & 후

0895 **after** [ǽftər]

전 ~뒤에, ~후에

after school – 학교가 끝난 후에 (방과 후에)

0896 **from** [frəm]

전 ~로부터

from Busan – 부산으로부터

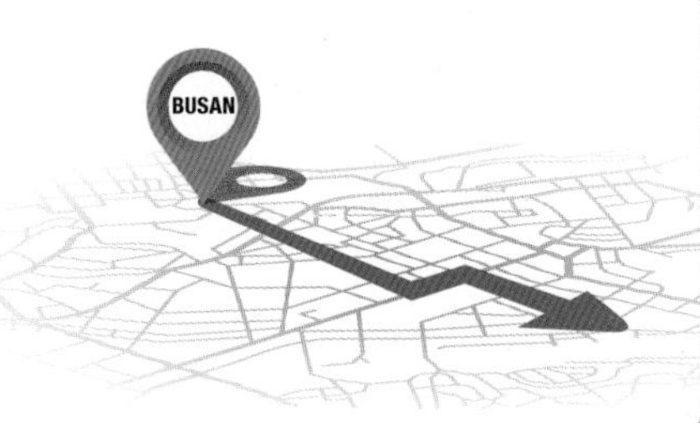

0897 **to** [tu]

전 ~까지, ~쪽으로

to Seoul – 서울까지

DAY 25

Jeju Island is a nice place.

제주도는 멋진 곳이에요.

0898 **island** [áilənd]

명 섬

제주 **아일랜드** – 제주도

롱 아일랜드 – 미국 뉴욕 주 남동부의 섬

0899 **tissue** [tíʃuː]

명 티슈

물 **티슈**

미용 티슈

0900 **jab** [dʒæb]

명 잽 동 잽을 넣다

(권투) **잽**을 날려라.

0901 **joke** [dʒouk]

명 농담, 장난 동 농담하다

이건 **조크**야. – 이건 농담이라고.

유머 & 조크

 Day25.mp3 한 단어당 3번씩 반복하여 읽어 보세요.

 목표 시간: 20분

 걸린 시간: 분

0902 **help** [help]

동 돕다 명 도움

헬프미help me – 도와주세요.

헬퍼helper – 도와주는 사람

0903 **join** [dʒɔin]

동 연결하다, 결합하다 명 결합

조인하다 – 연결하다

Will you **join** us? – 우리랑 함께 할래?

0904 **juice** [dʒuːs]

명 주스

오렌지 **주스**

생과일주스는 몸에 좋아요.

0905 **ice** [ais]

명 얼음

아이스크림

아이스하키

0906 **banana** [bənǽnə]

명 바나나

원숭이가 좋아하는 **바나나**

0907 **kick** [kik]

동 차다

킥복싱 – 발로 차는 킥과 주먹으로 때리는 복싱이 결합된 말

0908 **knee** [ni:]

명 무릎

(격투기) **니**킥 – 무릎 치기

0909 **sick** [sik]

형 아픈, 병든

돌을 발로 차면kick 발이 **아파요**sick.

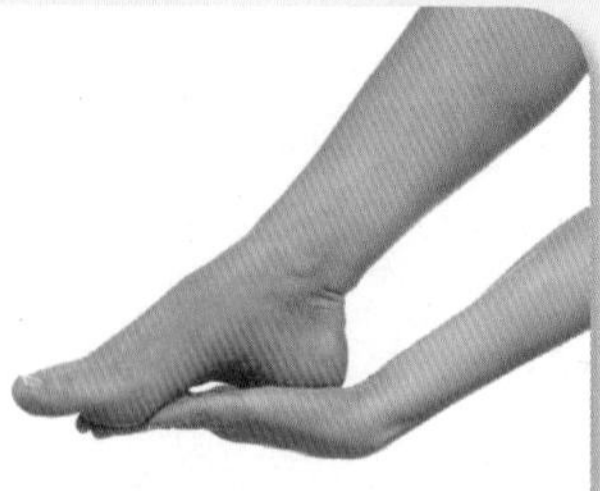

0910 **mannequin** [mǽnikin]

명 마네킹, 인체 모형

사람처럼 생긴 **마네킹**

0911 **kid** [kid]

명 아이

키즈 카페

키즈 클리닉 – 어린이 진료소

0912 **night** [nait]

명 밤

아라비안**나이트**

굿 나이트Good night – 좋은 밤('잘 자'의 영어식 표현)

➕ **tonight** 명 오늘 밤

0913 **knife** [naif]

명 칼

포크 & **나이프**

스테이크를 썰 때 나이프를 써요.

0914 **gown** [gaun]

명 가운, 잠옷

실험 **가운** – 실험복

나이트가운 – 밤에 입는 잠옷

0915 **nice** [nais]

형 좋은

나이스 플레이! – 좋은 플레이야!

0916 **not** [nάt]

부 아니다, ~않는

와이 **낫** Why not?

– 왜 아니지? (안 되는 게 어디 있어?)

0917 **boy** [bɔi]

명 소년

보이스카우트는 남학생들만 가입할 수 있죠.

0918 **girl** [gəːrl]

명 소녀

걸스카우트는 여학생들만 가입할 수 있죠.

0919 **toy** [tɔi]

명 장난감

토이 전문점

– 장난감 전문점

0920 **large** [laːrdʒ]

형 큰, 넓은

라지 피자 – 큰 사이즈 피자

라지 티셔츠

0921 **gentleman** [dʒéntlmən]

명 신사

레이디스 & **젠틀맨** ladies & gentlemen

– 신사 숙녀 여러분

0922 **lady** [léidi]

명 숙녀, 귀부인

레이디 퍼스트 lady first – 남성이 여성을 정중하게 배려할 때 '레이디 퍼스트'라고 하죠.

0923 **first** [fəːrst]

형 첫째의 명 최초

퍼스트레이디는 대통령의 부인을 가리키죠.

0924 **glad** [glæd]

형 기쁜, 즐거운

I am **glad** to meet you. – 당신을 만나서 기뻐요.

0925 **idol** [áidl]

명 우상, 인기인, 아이돌

여러분이 좋아하는 **아이돌** 스타는 누군가요?

0926 **larva** [lɑ́:rvə]

명 애벌레

만화영화 〈**라바**〉의 주인공이
바로 애벌레들이죠.

0927 **life** [laif]

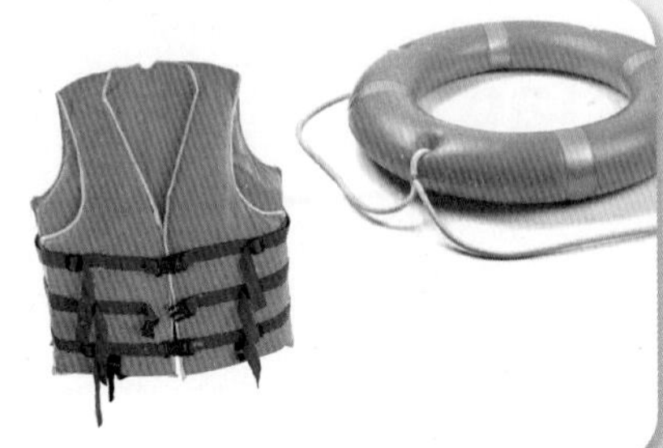

명 생명, 목숨

라이프 재킷 – 목숨을 구하는 조끼(구명조끼)

라이프 스타일 – 살아가는 방식 ⊕ **live** 동 살다

0928 **leaf** [li:f]

명 잎, 잎사귀

(광고) **리플**렛leaflet – 작은 잎사귀처럼 제작된 홍보 인쇄물

연주회 리플렛, 리프 티 – 잎 채로 우려내는 차

0929 **left** [left]

명 왼쪽 형 왼쪽의

(권투) **레프트** 잽

– 왼쪽 주먹으로 때리는 잽

0930 **right** [rait]

명 오른쪽 형 올바른, 오른쪽의

(권투) **라이트** 훅

– 오른쪽 훅

0931 **lift** [lift]

동 들어 올리다 명 리프트, 승강기(엘리베이터)

스키장 **리프트**

산꼭대기까지 리프트를 타고 올라가요.

0932 **egg** [eg]

명 달걀, 알

에그 머핀 – 달걀 머핀

스크램블 에그는 달걀 요리 중 하나죠.

0933 **leg** [leg]

명 다리

다리에 달라붙는 **레깅스**leggings

(운동) 레그 레이즈leg raise – 누워서 다리를 들어 올리는 운동

0934 **monster** [mánstər]

명 몬스터, 괴물

(만화영화) 포켓 **몬스터** – 주머니 속의 괴물

몬스터 주식회사

0935 **little** [lítl]

형 어린, 작은 부 조금

리틀 야구단 – 어린이 야구단

DAY 26

My dad is reading a map.

아빠가 지도를 보고 계세요.

0936 **dad** [dæd]

명 아빠(=daddy)

슈퍼 **대디**

– 일을 하며 아이까지 돌보는 만능 아빠

0937 **dead** [ded]

형 죽은, 마비된

데드라인 – 넘어서면 죽게 되는 선(마감일, 최종 기한)

(야구) 데드볼 – 투수가 던진 공이 타자에게 맞으면 죽은 공으로 인정되어 타자가 1루로 진출하게 됨.

0938 **read** [ri:d] (과거형은 **read** [red])

동 읽다

리딩reading 클럽 – 독서 클럽

0939 **bread** [bred]

명 빵

허니 **브레드**

갈릭garlic 브레드 – 마늘빵

Day26.mp3 한 단어당 3번씩 반복하여 읽어 보세요.

목표 시간: 20분

걸린 시간: 분

0940 **lobby** [lábi]

명 로비, 큰 복도

공항 **로비**, 병원 로비
호텔 로비

0941 **sorry** [sɔ́:ri]

형 미안한, 유감스러운

아임 **쏘리** I'm sorry. – 미안해.
쏘리쏘리 – 정말 미안해.

0942 **rope** [roup]

명 로프, 밧줄

등산 **로프**
로프를 꽉 잡아라.

0943 **lucky** [lʌ́ki]

형 행운의

러키 세븐 – 행운의 숫자 7

⊕ **luck** 명 행운 ▸ 굿 럭 – 행운을 빕니다.

0944

shock [ʃak]

명 충격 동 충격을 주다

쇼킹하다 – 충격적이다

(경제) 오일**쇼크** – 석유 가격이 올라서 경제에 미치는 충격

0945

sharp [ʃaːrp]

형 날카로운, 뾰족한

샤프하다 – 날카롭다

샤프심 – 샤프에 들어가는 날카로운 심

0946

pen [pen]

명 펜

펜으로 글씨를 쓰세요.

⊕ **pencil** 명 연필

0947

machine [məʃíːn]

명 기계

타임**머신** – 시간 여행을 떠나는 기계

0948

run [rʌn]

동 달리다, 뛰다

러닝머신 – 달리는 기계(올바른 표현은 treadmill)

홈런homerun을 치면 타자가 홈까지 달려가지요.

0949 **hit** [hit]

동 치다, 때리다 명 유행

히트치다 – 유행하다

히트송 – 유행을 일으킨 노래

(야구) 히트 & 런 – 치고 달리기

0950 **magic** [mǽdʒik]

명 마술, 마법

매직 쇼 – 마술 쇼

0951 **English** [íŋgliʃ]

명 영어

브로큰**잉글리시**broken English

– 엉터리 영어

0952 **make** [meik]

동 만들다, 제작하다

리**메이크**remake – 이미 발표된 영화나 노래를 다시 만드는 것

메이커maker – 만드는 사람(제조업자)

0953 **napkin** [nǽpkin]

명 냅킨

냅킨 좀 주세요.

0954

map [mæp]

명 지도

인터넷 **맵** – 인터넷 지도

마인드 맵 – 생각을 지도 그리듯 이미지화 하는 것

0955

mark [ma:rk]

명 마크, 표시

확실하게 **마크**해. – 확실하게 표시해.

답안지 마킹, KS 마크 – 한국공업표준규격

0956

merry [méri]

형 즐거운

메리 크리스마스

– 즐거운 성탄절 보내세요.

0957

marry [mǽri]

동 결혼하다

결혼하는marry 건 즐거운merry 일이죠.

0958

mat [mæt]

명 매트, 돗자리

요가 **매트**

신발을 벗고 매트에 올라오세요.

0959 **medal** [médl]

명 메달, 상패, 훈장

영광의 금**메달**

0960 **melon** [mélən]

명 멜론

서양 참외는 **멜론**이지요.
멜론 주스

0961 **small** [smɔːl]

형 작은

스몰 사이즈 vs. 빅 사이즈
스몰 베드 – 작은 침대

0962 **smell** [smel]

명 냄새 동 냄새가 나다, 냄새를 맡다

Smells good! – 냄새가 좋네요!

0963 **message** [mésidʒ]

명 알림, 통지, 메시지

휴대전화 문자 **메시지**
메시지를 분명하게 전달해라.

0964 **police** [pəlíːs]

명 경찰

폴리스 라인 – 사건 현장에 경찰이 쳐놓은 차단선

로보카 폴리 – 아이들이 좋아하는 경찰 로봇 ⊕ **policeman** 명 경찰관

0965 **smile** [smail]

명 미소 동 미소 짓다

스마일 이모티콘 – 웃음 이모티콘

모나리자 스마일 – 모나리자의 미소

0966 **about** [əbáut]

전 ~에 관한, ~에 대한

(영화) **어바웃** 타임 – 시간에 관한 영화

(영화) 어바웃 러브 – 사랑에 대한 영화

0967 **mix** [miks]

동 섞다, 혼합하다 명 혼합

커피 **믹스** – 커피를 섞은 혼합 음료

(참고로 음식물을 갈아서 섞는 기계는 '믹서'가 아니라 블렌더blender가 정확한 영어식 표현이지요.)

0968 **gold** [gould]

명 금

골드메달 – 금메달

⊕ **golden** 형 황금의, 절호의 ▸ 골든타임 – 황금 시간대

0969 **time** [taim]

명 시간

타임 테이블 – 시간표

타임머신을 타고 시간 여행을 떠나 볼까요?

0970 **silver** [sílvər]

명 은 형 은색의

실버메달 – 은메달

실버타운 – 은색 머리(흰 머리)의 노인들이 사는 마을

0971 **snake** [sneik]

명 뱀

(사모아) **스네이크** 협곡에서 만난 거대한 뱀

스네이크 아이즈eyes – 주사위 1이 두 개 나올 때 뱀의 눈 같다고 해서 붙여진 이름이에요.

0972 **arrow** [ǽrou]

명 화살, 화살표

큐피트 **애로우** – 사랑의 화살

브로큰broken 애로우 – 부러진 화살

0973 **neck** [nek]

명 목

목에 매는 **넥**타이

⊕ **tie** 명 넥타이(= necktie) 동 매다

DAY 27

Mom opened the oven door.

엄마가 오븐을 여셨어요.

0974

open [óupən]

동 열다 형 열린

오픈카 – 자동차 천장이 열리는 차

오프너opener – 병이나 깡통의 뚜껑을 여는[따는] 물건

0975

oven [ʌ́vən]

명 오븐(음식을 찌거나 굽는 기구)

가스 **오븐**

전기 오븐에 빵을 구워요.

0976

package [pǽkidʒ]

명 패키지, 꾸러미

패키지 상품 – 꾸러미로 묶어서 판매하는 상품

유럽 패키지여행

0977

need [ni:d]

명 필요 동 ~을 필요로 하다

고객의 **니즈**needs – 고객의 필요

상대방의 니즈를 채워줄 수 있는 사람이 되고 싶어요.

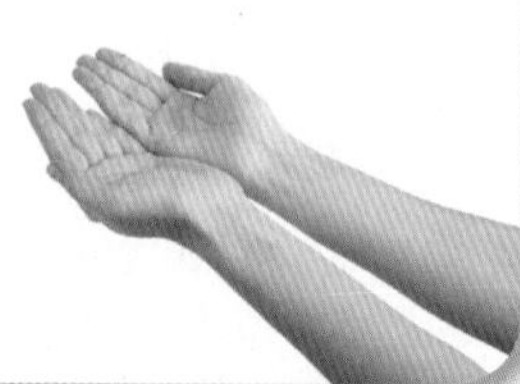

 Day27.mp3 한 단어당 3번씩 반복하여 읽어 보세요.

 목표 시간: 20분

 걸린 시간: 분

0978 **net** [net]

명 그물, 망

(축구) 골**네트** – 골대에 있는 그물

(스포츠) 네트 게임 – 배구나 배드민턴처럼 그물을 사이에 두고 하는 경기

0979 **nothing** [nʌ́θiŋ]

대 아무것도 (~아니다) 부 조금도 ~않다

It is **nothing**.

– 그건 아무 것도 아니야.

0980 **news** [njuːz]

명 뉴스, 소식

9시 **뉴스**

핫뉴스 – 따끈한 소식(최신 소식) ⊕ **newspaper** 명 신문

0981 **new** [nuː]

형 새로운

해피**뉴**이어Happy new year! – 행복한 새해를 맞이하세요.

뉴소나타

0982 **pants** [pænts]

명 바지

핫**팬츠** – 아주 짧고 몸에 꼭 맞는 바지

빨간 팬츠를 입고 소풍을 갔어요.

0983 **parade** [pəréid]

명 가두 행진, 행렬, 퍼레이드

카**퍼레이드**

– 차를 타고 거리를 행진하는 것

0984 **park** [pa:rk]

명 공원, 유원지 동 주차하다

워터 **파크** – 물놀이 공원

테마 파크에 놀러 갈까요?

0985 **pocket** [pákit]

명 호주머니

포켓 몬스터 – 주머니 속의 괴물

포켓용 녹음기 – 호주머니에 들어가는 소형 녹음기

0986 **picnic** [píknik]

명 소풍, 피크닉

피크닉 가기 좋은 날 – 소풍 가기 좋은 날

피크닉 복장

0987 **ink** [iŋk]

명 잉크

컬러 **잉크**
손에 잉크가 묻었어요.

0988 **couple** [kʌpl]

명 부부, 한 쌍, 커플

커플티
– 커플이 입는 티셔츠

0989 **people** [píːpl]

명 사람들, 민족

보트 **피플** – 보트 위에서 사는 사람들(난민)

0990 **pepper** [pépər]

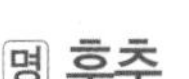

명 후추

페퍼민트는 후추처럼 톡 쏘는 맛이 있지요.
(음료 상표) 닥터페퍼 – 후추처럼 강한 향이 나요.

0991 **miss** [mis]

명 (미혼 여자의 성 앞에 붙여) ~양, ~씨, 실책 동 놓치다

미스 브라운Miss Brown – 브라운 양
(배구) 서브 **미스** – 상대방이 넣은 서브를 놓치는 것

0992 **Mr.** [místər]

명 (남자의 성 앞에 붙여) ~씨

미스터 김, 미스터 리

⊕ **Mrs.** 명 (기혼 여성의 (남편) 성 앞에 붙여) ~부인

0993 **page** [peidʒ]

명 페이지, 쪽

교과서 첫 **페이지**를 보세요.

0994 **mood** [mu:d]

명 기분, 분위기, 무드

무드를 잡다 – 분위기를 잡다

무드 있는 카페 – 분위기 좋은 카페

0995 **slim** [slim]

형 날씬한

슬림하다 – 날씬하다

다이어트에 성공한 슬림한 몸매

0996 **piano** [piǽnou]

명 피아노

피아노 레슨

피아노를 치다

0997 **piece** [pi:s]

명 조각, 일부분

(여성 옷) 원**피스** – 위아래가 한 조각으로 붙어있는 옷

투피스

0998 **skill** [skil]

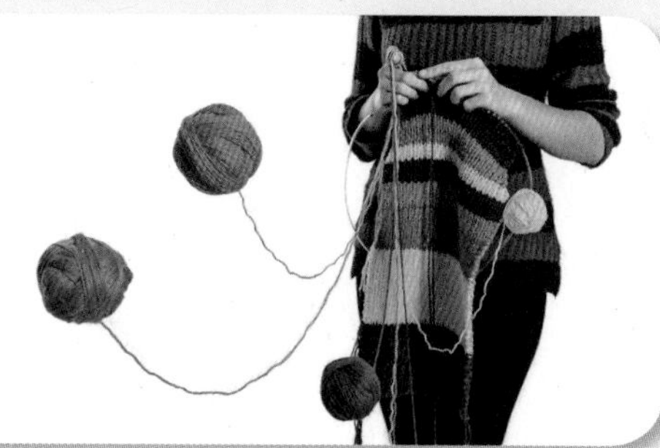

명 솜씨, 숙련

스킬이 있다 – 솜씨가 있다

외국어 스킬 – 외국어 능력

0999 **chicken** [tʃíkən]

명 닭

프라이드**치킨** – 튀긴 닭요리

⊕ **chick** 명 병아리

1000 **knock** [nak]

동 두드리다, 노크하다 명 노크

화장실 앞에서는 **노크**가 필수죠.

1001 **light** [lait]

명 빛 형 가벼운

헤드**라이트** – 자동차 앞부분에 빛을 비추는 장치

(권투) 라이트 플라이급 – 날아갈 듯이 가벼운 체급 ⊕ **lighthouse** 명 등대

1002

pump [pʌmp]

명 펌프, 양수기

농업용 **펌프**

펌프가 고장 나서 우물물을 퍼 올릴 수가 없어요.

1003

power [páuər]

명 힘

파워를 보여줘. – 힘을 보여줘.

파워 넘치는 사람

● 의문사 정리

1004 **who** [huː] 누구

1005 **what** [hwət] 무엇

1006 **when** [hwen] 언제, ~하는 때

1007 **where** [hwεər] 어디

1008 **why** [hwai] 왜

1009 **how** [hau] 어떻게, 어떤 식으로

1010 **which** [hwitʃ] 어떤, 어느, 어느 것

DAY 28

The boy wants to be a pilot.

그 소녀은 파일럿이 되고 싶어 해요.

1011 **pilot** [páilət]

명 조종사

항공사 **파일럿**
파일럿이 되어서 비행기를 몰고 싶어요.

1012 **apple** [ǽpl]

명 사과

사과로 만든 **애플**파이

1013 **pineapple** [páinæpl]

명 파인애플

파인애플은 열대과일이죠.

1014 **pine** [pain]

명 소나무, 솔

파인애플pineapple은 소나무의 **솔**pine 모양이지요.

 Day28.mp3 한 단어당 3번씩 반복하여 읽어 보세요.

 목표 시간: 20분

 걸린 시간: 분

1015 **tomato** [təméitou]

명 토마토

토마토 주스

방울토마토

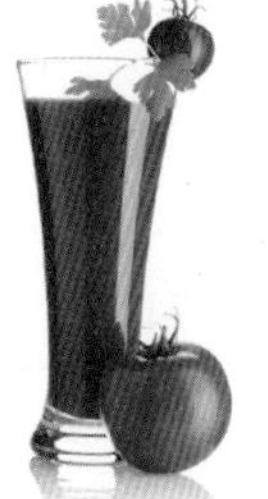

1016 **pink** [piŋk]

명 분홍, 핑크

핑크빛 원피스

핑크 장갑

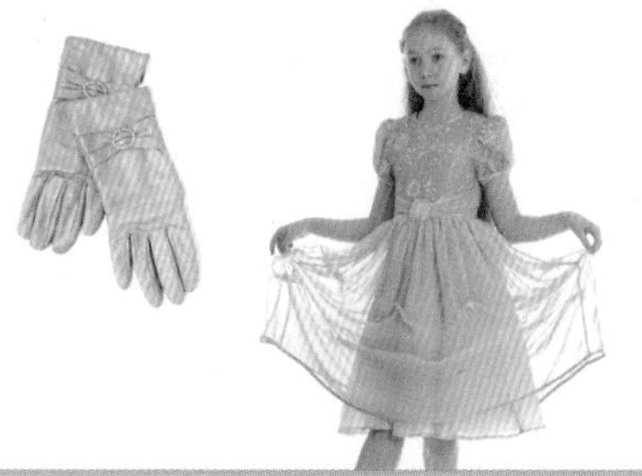

1017 **please** [pli:z]

부 제발, 부디

플리즈 헬프 미 Please help me.

– 제발 도와주세요.

1018 **plug** [plʌg]

명 전기 플러그, 마개

외출할 땐 전기 **플러그**를 뽑으세요.

이어 플러그 – (수영용) 귀마개

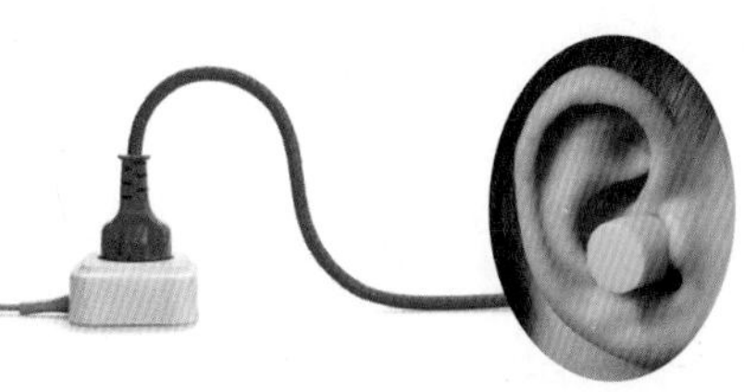

1019

rich [ritʃ]

형 부자의, 부유한, 풍부한

슈퍼**리치** – 갑부, 큰 부자

1020

present [préznt]

명 선물 형 참석한

크리스마스 **프레즌트**
– 크리스마스 선물

1021

village [vílidʒ]

명 마을

미국 뉴욕의 그리니치 **빌리지**는
예술가들의 거주지로 유명해요.

1022

pride [praid]

명 자랑, 자존심

프라이드가 넘치다 – 자신감이 넘치다
한국인이라는 프라이드를 갖자.

1023

ride [raid]

동 타다

자전거 **라이딩**riding – 자전거 타기
카트라이더rider – 카트(소형 경주용 차량)를 타고 달리는 게임

1024 **queen** [kwi:n]

명 여왕

퀸 엘리자베스 – 엘리자베스 여왕

춤의 여왕을 댄싱**퀸**이라고 하지요.

1025 **real** [rí:əl]

형 진짜의

리얼하다 – 진짜 같다

주인공의 연기가 **리얼**하네요. ⊕ **really** 부 진짜로

1026 **season** [sí:zn]

명 계절, 시즌

포**시즌**four seasons – 사계절

우리 팀은 이번 **시즌**에 꼭 우승할 겁니다.

1027 **book** [buk]

명 책 동 예약하다

부킹booking – 예약

기네스**북** – 기네스 회사에서 발행하는 진기한 기록을 모은 책

⊕ **bookstore** 명 책방, 서점

1028 **great** [greit]

형 큰, 대단한

그레이트하다 – 대단하다

1029 **report** [ripɔ́:rt]

동 보고하다, 전하다 명 보고서

리포트를 제출하세요. – 보고서를 제출하세요.

뉴스 리포터reporter

1030 **sauce** [sɔ:s]

명 (요리 용어) 소스

핫 소스는 매워요.

떡볶이 **소스**

1031 **ticket** [tíkit]

명 표, 승차권, 입장권

비행기 **티켓**

콘서트 티켓을 구입했어요.

1032 **market** [mά:rkit]

명 시장

슈퍼**마켓**

온라인 마켓

1033 **jacket** [dʒǽkit]

명 재킷, 웃옷

추우면 **재킷**을 입어.

라이더 재킷 – 오토바이 탈 때 입는 짧은 점퍼

1034 **romantic** [roumǽntik]

형 낭만적인

로맨틱한 이야기 – 낭만적인 이야기

이 식당은 로맨틱한 분위기 때문에 인기가 많아요.

1035 **root** [ru:t]

명 뿌리

(수학) **루트** – 제곱근(뿌리 근(根))

루트 비어 – 식물의 뿌리로 만든 미국식 탄산음료

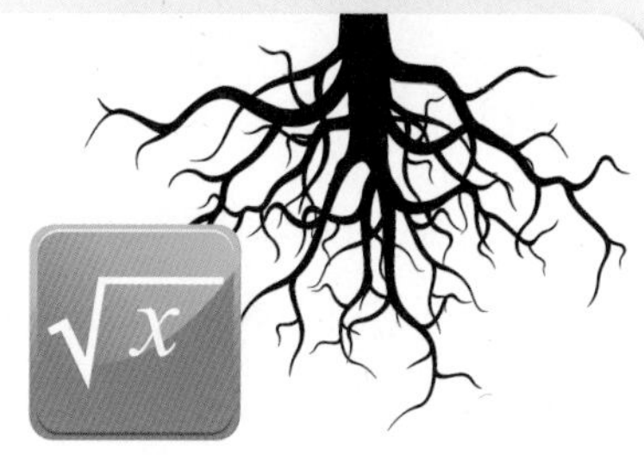

1036 **nose** [nouz]

명 코

노즈 클립 – 수영할 때 코에 물이 들어가지 않게 콧등에 끼우는 클립

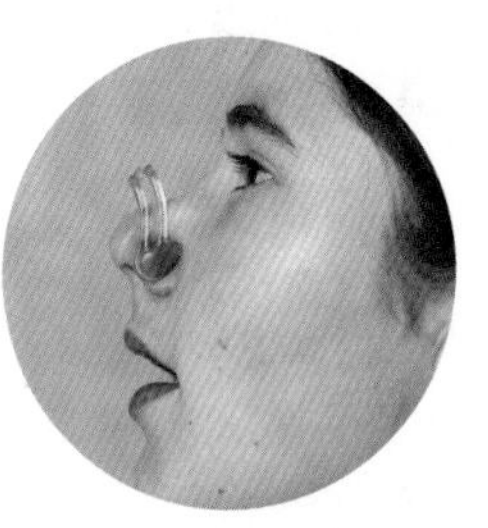

1037 **hose** [houz]

명 호스 동 호스로 물을 뿌리다

소방용 **호스**

1038 **rose** [rouz]

명 장미

로즈 데이 – 연인에게 장미를 선물하는 날

(미국 백악관) 로즈 가든 – 장미 정원

1039 **noise** [nɔiz]

명 소음, 시끄러움

노이즈 마케팅 – 시끄러운 마케팅
(시끄러운 화제로 소비자의 호기심을 이용하는 판매기법)

1040 **mouse** [maus]

명 쥐, 컴퓨터 마우스(쥐 모양)

미키 **마우스**는
세상에서 가장 유명한 쥐예요.

1041 **mouth** [mauθ]

명 입

(복싱) **마우스**피스
– 권투 시합에서 치아 보호를 위해 입에 물고 있는 것

1042 **touch** [tʌtʃ]

동 만지다

돈**터치**Don't touch – 만지지 마.
(배구) 넷**터치** – 손으로 네트(그물)를 만지면 반칙이지요.

1043 **school** [sku:l]

명 학교

스쿨버스를 타고 학교에 갔어요.

1044

user [jú:zər]

명 사용자, 유저

스마트폰 **유저** – 스마트폰 사용자

➕ use 동 쓰다, 사용하다

1045

sand [sænd]

명 모래

(권투) **샌드**백에는 모래가 들어있지요.

1046

cinema [sínəmə]

명 영화, 영화관

시네마 천국 – 영화 천국

롯데 시네마

1047

ski [ski:]

명 스키

눈이 쌓이면 **스키**를 탈 수 있어요.

1048

skin [skin]

명 피부, 표면

스킨로션 – 피부에 바르는 로션

스킨케어 – 피부 관리

DAY 29

The book is a steady seller.

그 책은 스테디셀러예요.

1049 **sofa** [sóufə]

명 소파

소파에 앉으세요.

1050 **soft** [sɔ:ft]

형 부드러운, 소프트한

소프트 아이스크림

소프트하다 – 부드럽다

1051 **soda** [sóudə]

명 탄산수, 소다

소다수 – 물에 탄산을 넣어 만든 것

콜라 & 사이다 같은 소다 음료

1052 **schedule** [skédʒu:l]

명 스케줄, 일정, 시간표

공부 **스케줄** – 공부 일정

빡빡한 스케줄 때문에 쉴 틈이 없어요.

 Day29.mp3 한 단어당 3번씩 반복하여 읽어 보세요.

 목표 시간: 20분

 걸린 시간: 분

1053
sell [sel]

동 팔다

베스트**셀러**best seller

– 가장 많이 팔리는 책

1054
steady [stédi]

형 꾸준한, 한결같은

스테디셀러steady seller

– 꾸준한 판매가 이루어지는 책

1055
series [síəri:z]

명 시리즈, 연속

시리즈 교재 – 연속으로 출판된 교재

포켓 몬스터 게임 시리즈

1056
service [sə́:rvis]

명 서비스, 봉사

고객 **서비스** 센터

서비스가 좋군요. ⊕ **serve** 동 봉사하다, 시중들다

1057 **set** [set]

명 한 세트 동 놓다

선물 **세트**

음식 세트 메뉴

1058 **coast** [koust]

명 해안

(호주) 골드 **코스트** – 황금빛 해안

놀이공원의 롤러코스터roller coaster는 유람선coaster, 코스터처럼 출렁거리지요.

1059 **show** [ʃou]

명 쇼, 구경거리 동 보여주다

TV **쇼**

김연아 선수의 아이스쇼

1060 **shower** [ʃáuər]

동 샤워를 하다 명 샤워

샤워 커튼

1061 **shoulder** [ʃóuldər]

명 어깨

숄더백 – 어깨에 메는 가방

1062

rink [riŋk]

명 스케이트장, 링크

아이스 **링크**

1063

snow [snou]

명 눈 동 눈이 내리다

스노보드 – 눈 위에서 타는 보드

스노 화이트 – 백설공주(눈처럼 하얀 공주)

1064

now [nau]

부 지금

라잇 **나우** Right now – 지금 당장

I go to school **now**. – 저는 지금 학교에 가요.

1065

soccer [sɑ́kər]

명 축구

아트 **사커** – 예술의 나라 프랑스 축구

호주 축구를 '**사커**루(사커+캥거루)'라고 하죠.

1066

sock [sak]

명 양말

(미국 프로야구) 보스턴 레드**삭스** 팀은 빨간 양말을 신지요.

패션 **삭스**socks – 패션 양말

1067

speaker [spíːkər]

명 스피커, 확성기

스피커 소리가 너무 작아요.
스피커를 켜세요. ⊕ **speak** 동 말하다

1068

speech [spiːtʃ]

명 말하기, 화법, 스피치

스피치 학원 – 화술(말하는 방법)을 가르치는 학원
3분 스피치

1069

write [rait]

동 쓰다

스피킹 & **라이팅**speaking & writing
– 말하기 & 쓰기

1070

system [sístəm]

명 체계, 조직

요금 납부 **시스템**
이 에어컨은 냉각 시스템이 좋아서 인기가 많아요.

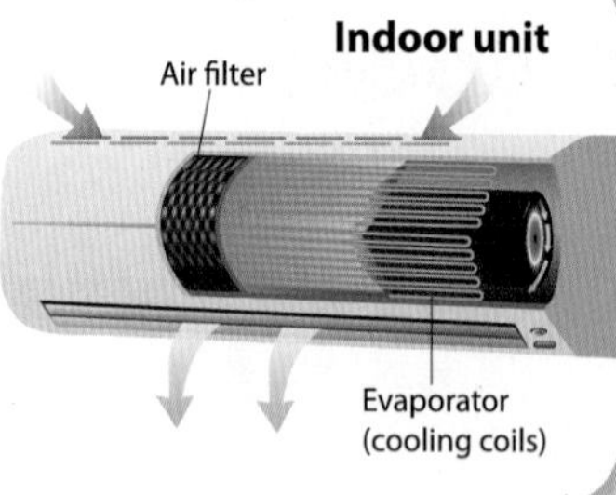

1071

start [staːrt]

동 시작하다, 출발하다 명 출발

스타트 라인 – 출발선
스타팅 멤버 – 시작하는 멤버

1072 **steak** [steik]

명 스테이크

스테이크 소스
스테이크 전문점

1073 **beef** [bi:f]

명 소고기, 비프

비프스테이크

1074 **style** [stail]

명 스타일, 양식

헤어**스타일**
머리 스타일이 마음에 드세요?

1075 **type** [taip]

명 종류, 유형

A **타입** & B 타입.
혈액형을 영어로는 '블러드 타입blood type'이라고 해요.

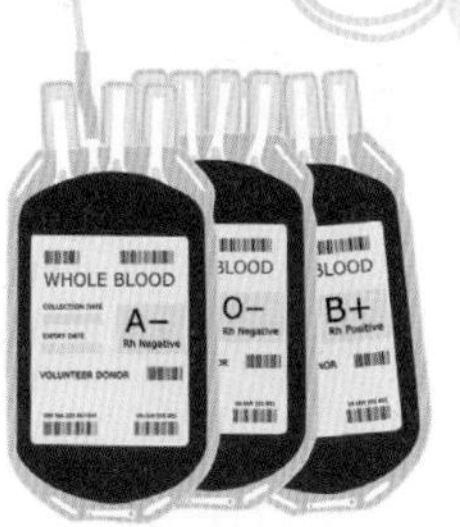

1076 **stewardess** [stjú:ərdis]

명 스튜어디스, 여승무원

비행기 **스튜어디스**

DAY 29

1077 **out** [aut]

부 밖에, 밖으로

아웃도어outdoor – 야외의(문 밖의)

(컴퓨터) 로그아웃

1078 **pet** [pet]

명 애완동물

펫숍 – 애완동물 용품을 판매하는 가게

1079 **pretty** [príti]

형 귀여운, 예쁜

귀여운 **프리티** 걸이 자라서

예쁜 프리티 우먼이 되었어요.

1080 **wipe** [waip]

동 닦다, 씻다 명 닦기

(자동차) **와이퍼**wiper – 유리를 닦아주는 장치

1081 **pipe** [paip]

명 파이프, 관

수도 **파이프**

파이프가 터졌어요.

1082 **window** [wíndou]

명 창문

쇼**윈도** – 진열장

컴퓨터 윈도Windows는 컴퓨터로 들어가는 창문(시스템)이지요.

1083 **wing** [wiŋ]

명 날개

매콤한 닭 날개 튀김을 '핫**윙**'이라고 해요.

1084 **swing** [swiŋ]

동 흔들리다, 스윙하다 명 그네

(야구) 헛**스윙**

1085 **store** [stɔːr]

명 가게, 상점

온라인 **스토어** – 인터넷 상점

이 가게는 공식 스토어입니다.

1086 **stove** [stouv]

명 난로

전기**스토브**

– 전기난로

DAY 30

You can change the world.

여러분은 세상을 바꿀 수 있어요.

1087 **shirt** [ʃəːrt]

명 와이셔츠, 셔츠

와이**셔츠**가 멋지네요.

티셔츠

1088 **skirt** [skəːrt]

명 스커트, 치마

미니**스커트** – 짧은 치마

1089 **strong** [strɔːŋ]

형 힘센, 강한

스트롱맨 – 힘센 사람

1090 **swim** [swim]

동 수영하다

스위밍 풀swimming pool – 수영장

싱크로나이즈 스위밍

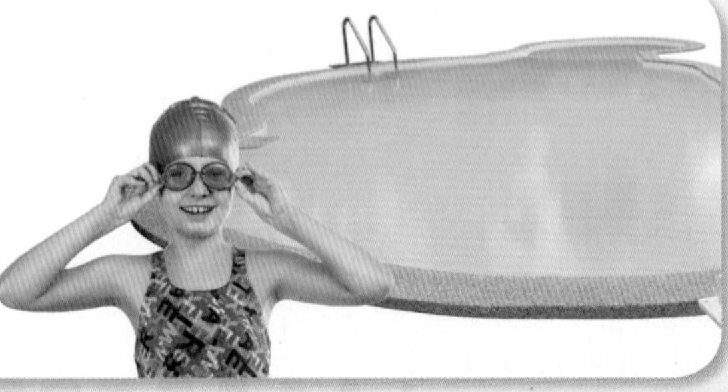

Day30.mp3 한 단어당 3번씩 반복하여 읽어 보세요.

목표 시간: 20분

걸린 시간: 분

1091 **switch** [switʃ]

명 스위치 동 바꾸다

전기 **스위치**

전원 스위치를 누르세요.

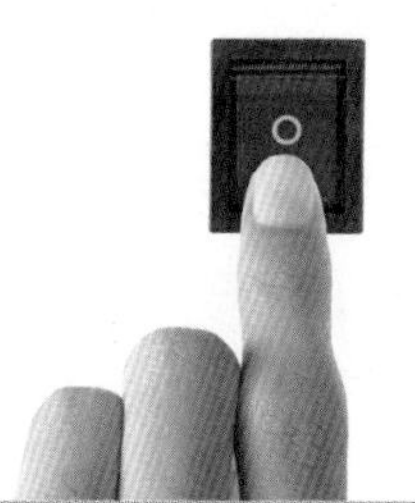

1092 **world** [wə:rld]

명 세계, 세상

월드컵 경기

월드 스타 – 세계적으로 인기 있는 스타

1093 **word** [wə:rd]

명 말, 단어

패스**워드** – 암호(통과하는 말)

키워드

1094 **table** [téibl]

명 테이블, 탁자

테이블에 음식을 놓으세요.

1095 **thin** [θin]

형 얇은, 가는, 마른

피자 도우가 얇은 **씬** 피자

1096 **list** [list]

명 목록 동 목록에 올리다

리스트 작성 – 목록 작성

구입해야 하는 물건 리스트

1097 **only** [óunli]

부 오직, 단지

온니 유only you – 오직 당신뿐

1098 **up** [ʌp]

부 위로, 위에

업 & 다운 – 위로 & 아래로

⊕ **down** 부 아래로

1099 **drive** [draiv]

동 운전하다

야외로 드라이브 하러 가요.

주말 **드라이브** ⊕ **driver** 명 운전사

1100 **stamp** [stæmp]

명 스탬프, 도장 동 찍다

숙제 검사 후 선생님께서
칭찬 **스탬프**를 찍어주셨어요.

1101 **taxi** [tǽksi]

명 택시

택시 요금
택시 운전

1102 **think** [θiŋk]

동 생각하다

싱크탱크think tank – 생각하는 두뇌 집단
싱크빅think big – 크게 생각하라

1103 **toast** [toust]

명 토스트, 구운 빵

토스트를 만들어 먹을까요?

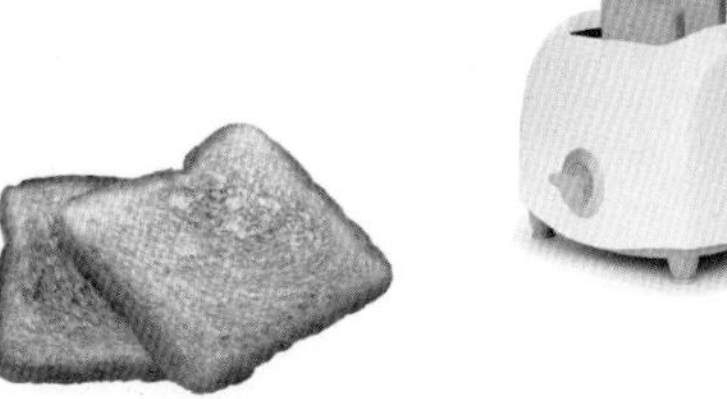

1104 **toilet** [tɔ́ilit]

명 화장실

토일렛 페이퍼 – 화장실 휴지

1105 **shoe** [ʃuː]

명 신, 구두

(축구) 골든**슈** – 골을 제일 많이 넣은 선수에게 주는 황금 신발

편안한 슈즈를 파는 신발 가게

1106 **toe** [tou]

명 발가락

토슈즈

– 발가락 끝으로 설 수 있게 만들어진 발레화

1107 **shoot** [ʃuːt]

동 쏘다, 발사하다

(축구) **슛**~ 골인

골대를 향해 공을 차는 것을 '슈팅'이라고 하지요.

1108 **milk** [milk]

명 우유

우유로 만든 **밀크**셰이크

1109 **smooth** [smuːð]

형 부드러운, 매끈한

스무스하다 – 부드럽다

일이 스무스하게 진행된다.

1110 **robot** [róubət]

명 로봇, 인조인간

로봇 청소기
장난감 로봇

1111 **rocket** [rάkit]

명 로켓 동 로켓을 발사하다

우주 탐사를 위한 **로켓** 발사
로켓 엔진

1112 **rock** [rak]

명 바위

록음악 – 바위가 굴러가듯 요란한 음악
미국 로키산맥Rocky Mountains에 있는 큰 바위 얼굴

1113 **sport** [spɔːrt]

명 스포츠, 운동경기

스포츠 센터 회원
스포츠 경기

1114 **spa** [spaː]

명 스파, 온천

천연 온천수로 **스파**를 즐겨요.

1115 **stage** [steidʒ]

명 무대, 단계

스테이지 매너 – 무대 예절

쉬운 스테이지

1116 **name** [neim]

명 이름, 성명

네임펜 – 이름 쓰는 펜

1117 **nickname** [níknèim]

명 별명

예쁜 **닉네임** – 예쁜 별명

영어 닉네임이 뭐예요?

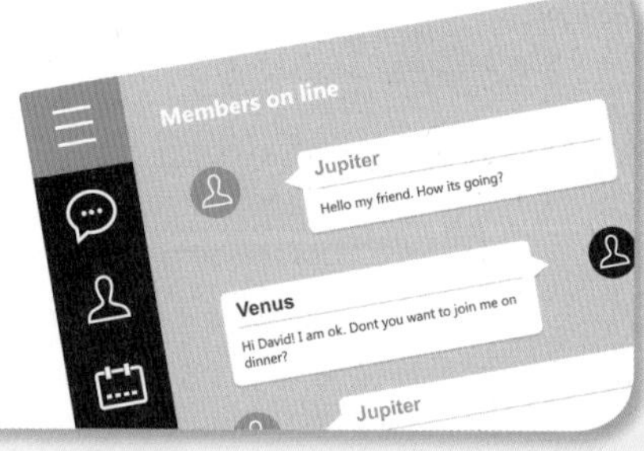

1118 **cabinet** [kǽbənit]

명 장식장, 진열장

거실에 있는 **캐비닛**

학교 캐비닛에 책을 두고 왔어요.

1119 **café** [kæféi]

명 카페

카페에서는 커피를 팔아요.

1120 **case** [keis]

명 상자, 경우

케이스를 열어 보다 – 상자를 열어 보다

1121 **zip** [zip]

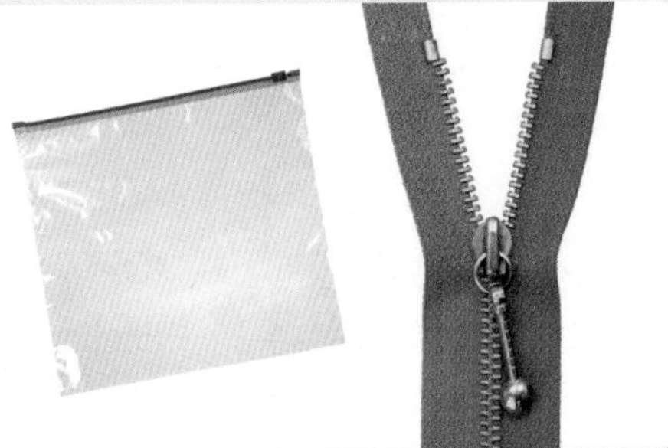

명 지퍼 동 지퍼로 잠그다

지퍼백

지퍼를 올리다

1122 **short** [ʃɔːrt]

형 짧은, 키가 작은

쇼트커트 – 짧게 자른 머리

(스포츠) **쇼트**트랙Short-Track – 짧은 링크를 도는 빙상 경기

1123 **shuttle** [ʃʌtl]

명 셔틀, 정기 왕복 버스 형 왕복의

셔틀 버스 – 정기 왕복 버스

셔틀런 – 왕복 달리기

Words

C

Index

T